今天，我们怎样做父母

彭小华 著

四川人民出版社

图书在版编目（CIP）数据

今天，我们怎样做父母 / 彭小华著. — 成都：四川人民出版社, 2023.3
ISBN 978-7-220-12991-9

Ⅰ. ①今… Ⅱ. ①彭… Ⅲ. ①家庭教育—文集
Ⅳ. ①G78-53

中国国家版本馆CIP数据核字（2023）第030410号

JINTIAN, WOMEN ZENYANG ZUO FUMU

今天，我们怎样做父母

彭小华　著

出版人	黄立新
责任编辑	唐　婧
版式设计	最近文化
封面设计	李其飞
责任印制	祝　健
出版发行	四川人民出版社（成都三色路 238 号）
网　　址	http://www.scpph.com
E-mail	scrmcbs@sina.com
新浪微博	@ 四川人民出版社
微信公众号	四川人民出版社
发行部业务电话	（028）86361653 86361656
防盗版举报电话	（028）86361653
照　　排	四川最近文化传播有限公司
印　　刷	成都东江印务有限公司
成品尺寸	145mm × 210mm
印　　张	11.125
字　　数	219 千
版　　次	2023 年 3 月第 1 版
印　　次	2023 年 3 月第 1 次印刷
书　　号	ISBN 978-7-220-12991-9
定　　价	56.00 元

你的孩子，其实不是你的孩子，
他们是生命出于自身渴望而诞生的孩子。
他们通过你来到这世界，
却非因你而来，
他们在你身边，却并不属于你。
你可以给予他们的是你的爱，
而不是你的想法，
因为他们有自己的思想。
你可以庇护他们的身体，
而不是他们的灵魂，
因为他们的灵魂属于明天，
属于你做梦也无法达到的明天。

——纪伯伦

序

“做父母”，也就是扮演父母角色，履行对子女的养育责任。“父母”是名词，指身份，“做”是动词，指实施养育行动。

从父母的孩子变为孩子的父母，是人生的一个重大事件，也是身份的一个巨大跳跃。从此要承担起对另一个生命的责任。对当代人来说，为孩子提供衣食住行、教育机会已是相对容易的事。

父母的另一个称谓是“家长”。这个称谓意味着父母是管理者，要负责管理孩子成长这个重大工程——这才是对父母真正的挑战。管理的好坏，与孩子之间合作的好坏，决定性地影响着孩子的成长效果。换句话说，孩子的成长，首先考验的是父母，体现的是父母的管理能力和管理水平。

女儿出生的时候，我26岁。那是一个秋日的午后，天气有些阴冷。当我从剖宫产手术的麻药中醒来，欣喜之余，内心也充满了紧张和焦虑——养育一个孩子长大是多么沉甸甸的责任啊！我行吗？

战战兢兢，如履薄冰。何况，那时候我自己的内心也处于风雨飘摇之中。

行也得行，不行也得行啊！孩子都生下来了，别无选择，唯一的出路就是竭尽全力养好她。

竭尽全力养好自己带到这个世界上的孩子，是所有父母的决心和心愿吧！

养好孩子，既是对孩子的人生负责，也是对父母自己的人生负责。

怎样才能把孩子养好呢？

自从当了母亲，这是我思考最用心的事情。边思考，边学习，边实践，有很多心得体会。比方说，母亲和孩子之间到底是什么关系，从属，还是平等？我想将孩子养育成为什么样的人，以及如何实现这个目标？什么样的母亲才是好母亲？母亲要不要追求自我成长和事业发展？如何兼顾事业和母职？如何为孩子构建一个安全、稳定的成长环境？如何理解和避免孩子的“叛逆”？如何理解和避免孩子撒谎？如何让孩子不虞匮乏，又不骄奢浪费？如何让他既知道要保护自己，又不要丧失对人性善的信心？如何培养他的主体性、能动性和做决定、解决问题的能力？既然不能一辈子照顾孩子，怎样才能培养他独立、自主？等等。

我女儿成长得不错。我们母女基本上有很好的交流。在她的成长中，我们分工明确，各司其职，合作良好。最终，她如我所愿成为一个独立、自主的年轻人，我也得以及时把她未来人生的管理权移交给她。谢天谢地，任务完成！那是一个多么激动人心的时刻啊！从此，她去驾驭她的学业、事业、情感、生活，我一身轻松，自由地追求自己的梦想。

过去数十年，养育是我专注研究的一个主要领域，包括亲子关系、夫妻关系、儿童/青少年心理障碍，并提供个案咨询和家庭集体咨询。

本书汇集了我历年撰写的养育文章，既有作为母亲的实践、感悟，也有从养育研究者、咨询师的视角，探讨养育理念、养育模式，以及养育过程中常见问题——包括亲子冲突、“叛逆”、沉迷网络、撒谎、偷窃、抑郁、自杀、“早恋”、师生冲突、同伴关系困难——的处理。

任何事情，好的结果一定是好的理念、好的方法和好的执行所致。养育这件事也不例外。没有谁是天生的好父母。谁都可以通过不断思考、学习，解决困惑，克服养育途中的困难、挑战，让自己成为更好的父母。

养育是一门学问，成功的养育有道可循。国际发展心理学界公认有四种养育模式是界定性的，分别是：专制—粗暴型、忽视型、放任—放纵型，以及权威—民主型。

权威—民主型的养育方式被形容为“宽严适度”，最有利于子女成长、成功、情绪、心理健康、亲子关系与合作。其他三种各有各的问题，导致不同程度的养育失败。养育的著作千千万，各种理论名目不同，在我看来，最终都在以不同的方式阐述和教导权威—民主型养育方法。

权威—民主型养育的思想基础是人文主义，要求把孩子视为独立、有尊严的个体，给以平等、尊重的对待。实施这种养育，要求父母约束自己的权力感、掌控欲，管理好自己的情绪，不以暴力、羞辱、欺骗的方式对待孩子，而以平和、理性、真诚的方式和孩子相处。

每个人都可以很容易地把自己接受和采取的养育归入四种类型之一。

母亲对我的养育偏向于专制，她在积极教导我、要求我、造就我的同时，也给我造成一些压迫和痛苦，引起反抗和冲突。所幸她也有慈爱、开明的一面，属于专制—粗暴中比较温和的类型。而且，她事务繁重，顾不上微观管控我，因此，我也有自由生长、自主决定的空间。

父亲属于极致的放任型家长，他不提要求，也从不批评、惩戒。母亲责罚我的时候，他不发一言。他没有增加我的压力，也没有给到积极的指导、引领。

我自己的成长，更多归功于母亲的养育。

我在养育女儿的时候，在效法母亲对我的养育中积极有为部分的同时，特别有意识地避免其中专制、粗暴、控制的部分，所以我们冲突很少，谈不上真正严重的冲突。我对女儿的养育，属于比较典型的权威—民主型。虽然在她未成年的时候，我并不知道这个概念，但我的养育实践契合了这个模式。

向我寻求咨询的家庭，无论是孩子的行为问题还是心理障碍，追根溯源还在于父母错误的养育方式，问题最多的是专制—粗暴型家庭，其次是放任—放纵型家庭。忽视型家庭养育失败的概率很高，不过，这样的家庭很难寻求咨询。

当父母改变养育模式，从专制—粗暴、放任—放纵向权威—民主转变的时候，养育中的主要问题就得到了缓解、解除。对此，在我这里咨询的家庭都有体会。

养育是爱的事业，父母也都希望孩子成功、幸福。那么，怎样才是爱？如何以正确的方式表达爱？什么是成功？什么是幸福？如何帮助孩子实现成功和幸福？进而言之，今天的父母大约算得上有史以来最重视养育的父母，子女普遍被置于家庭生活的中心位置，可为什么很多孩子感觉不到爱？为什么在物质生活条件前所未有丰富的今天，抑郁和自杀的儿童、青少年史无前例地多，成为一个令全社会触目惊心的现象？

我们真的有必要认真检讨我们的养育方式——包括养育哲学、养育理念。

我祝愿读者朋友通过阅读本书，能够有意识地向权威—民主型养育转变，对孩子高标准、严要求，同时平等、尊重地对待孩子，有更多的倾听、包容、如是接纳、如是爱，逐步培养孩子成为自己生命的主宰，人生的主人——这样，才是打下了成功和幸福的基础。

必须说，养育是有缺憾的艺术。没有完美。完美的父母也不存在，正如完美的人并不存在一样。我自己远非完美妈妈，在对女儿的养育过程中也有理论困惑，也犯过错误——在女儿成年后，我和她专门进行了一次真相澄清，我接受质疑、质问，该解释的解释，做过的错事无条件诚恳地道歉，她给予了我理解和谅解。

实际上，成功养育一个孩子，只要是够好的父母就行了。就此而言，大多数父母都是够好的父母，也养育出了够好的孩子，为社会、为人类贡献了人才。

在我看来，养育子女是世界上最具挑战性的人生任务之一，却也是父母最好的成长契机。好的父母不是不犯错误，而是敢于承认不足，能够反思，愿意为了孩子不断学习和改变，与孩子一起成长，不断自我超越，成为更好的自己。我肯定因为在做妈妈而成为更好的自己，这是我养育女儿最大的收获和奖赏。

我很庆幸我选择了成为母亲。我热爱这个身份，也愿意把自己的思考、感悟分享给正在进行养育实践的父母们。

借本书出版之际，我谨对我父母献上最深的感激。感谢他们的养育之恩！感谢他们在我养育女儿过程中给予的鼎力支持和协作，因此我可以兼顾学业、事业与养育责任。他们帮我照顾女儿的日常生活，承担大量烦琐的事务。女儿的养育成功，我父母功不可没。

我也借此机会感谢养育途中帮助过我和女儿的所有亲友！

感谢所有带着养育、成长问题和痛苦来同我进行探讨的父母和孩子！

本书的出版得到青苔、春晓两位女士的大力支持，谨此致以诚挚的谢意！青苔女士初步筛选文章、归类，并给每个类别添加了小标题。春晓女士促成本书出版并承担了编辑工作，责编唐婧女士为本书后期制作付出了很多心血，谢谢你们！

最后，我想对读者朋友说，我的观点都是一孔之见，限于个人思想、认识的局限，难免不周全、偏颇甚至偏见、错谬，欢迎批评、指正！谢谢！

目录

今天，我们怎样做父母

原生家庭伤害及其克服

孩子与“恶”

交流之道

孩子与世界

生死、情绪、情感之困

家校之间

他山之石

附录

今天，我们怎样做父母

好妈妈，人文主义的视野

友人Jessica是两个年幼女儿的妈妈，正在思考什么样的妈妈是好妈妈。应她邀请，我和一群妈妈一起讨论了这个问题。

好妈妈是孩子心中之好，是为了孩子之好，是有利于孩子成长和发展之好，需要兼顾当下与长远，是平衡溺爱和管束的技术与艺术。

一、从传统到当代：好妈妈的标准变了

大致来说，历史上有一些公认的传统好母亲都深明大义，心怀家国；重视孩子（尤其是儿子）的教育，要求儿子刻苦攻读；教育儿子为人处世的道理；好母亲们大都克己忘我，吃苦耐劳，忍辱负重，富有牺牲精神，其中，好几位传统好母亲都是单亲妈妈；在与儿子的关系中，有些母亲把儿子视为自己的希望，

儿子“争气”对她们很重要；在教育方法上，倾向于给儿子施加压力，令其羞愧、发奋。

历史上的好母亲是特定时代背景下的好母亲。同传统好母亲相比，当代母亲的养育环境，从教育制度、社会组织的方式、对个人的要求，到生育理由、亲子关系和个人的人生可能性等都发生了天翻地覆的变化。同时，全球化、互联网将不同的国家和文化联系在一起，不同文化的人可以互相交流、学习，当代母亲有大量的中外育儿理论、观念、方法可以参考学习。

如果说传统社会的好母亲在教育儿女的时候有一套成熟稳定的价值观，培养孩子的目标坚定而明确，执行也更容易，那么，今天的母亲面对多元的价值观念与育儿思想，巨量的资讯，令人眼花缭乱的教育产品、服务……很多母亲便开始茫然而焦虑。

所以，我们需要重新思考什么样的母亲是好母亲，好母亲的标准是什么，以及如何成为好母亲等重要问题。

二、母亲之间的差异：不在爱的态度，而在爱的能力

现实生活中，主观上不爱孩子的母亲不说绝无仅有，起码少之又少。不过，爱这件事，真正重要的不在于主观的理解和付出，更在于感受和接受。母爱亦然。母亲觉得自己心都恨不得掏给孩子看而孩子并不领情的现象，所在多有。那是因为爱的方

式、爱的表达出了问题。

说到底，母亲和母亲的区别不在于爱与不爱。俄国作家高尔基说，“爱孩子是老母鸡都会做的事情”，母爱本身没什么值得特别赞美，进而言之，生育行为本身也不值得夸耀，毕竟把孩子带到世上是父母单方面的需要和决定，就是养育，也是父母的应尽职责，连传统的牺牲精神，也不复曾经的感召力。

“但要善于教育他们……这需要才能和渊博的生活知识！”——这句话道出了问题的关键：是否善于教育孩子，才是母亲与母亲之间有意义的区别；是否善于教育、教育的效果，则取决于母亲的才能和知识水平。

爱只有被爱的对象理解、接受为爱才有价值，自以为是、“被误解”的爱没有意义。

真正的爱有理性、适度的品格。过多的爱、泛滥的爱，令人窒息；爱你没商量的爱其实是负担；失去自我的爱，根本就是恐怖。

真正的爱无人不欲。它出于善意、为着对方，有无私的品质，表达方式也是出于爱的，接受起来一定欢欣、愉悦。

养育的时间，以孩子能独立生活为界。世界范围内，平均二十来年，到时候，孩子已是生理意义上的成人，养育的初步结果大致呈现，长远效果贯穿孩子的一生。

养育的基本任务，就是培养和训练孩子独立，包括经济独立、思想独立，能够做决定，并承担责任。

思想、认识决定行动，母亲的教育能力、教育水平与养育结果与她自身的生命状态、价值理念、判断力、智慧水平及与孩子沟通的能力密切相关。

三、培养目标VS培养方式

大多数母亲关心孩子的成功，并为此焦虑。焦虑源于不自信、没方法。如果我们培养孩子的目标明确，并且基于确定的理由、系统的思考，那么，为孩子选择教育服务和产品的时候就有了依据，选择也变得简单：是否符合、支持培养目标。

成功有短线与长线，狭隘与宽泛之别。

不少母亲在培养孩子的时候，缺少系统、长远的思维，成功观比较狭隘，视线比较短浅，盯着高考，好像孩子上个好大学就代表成功了。结果，在孩子的童年、青少年时期，培养方式以课业学习、重复操练知识、刷题、考试为主，孩子花在这种被动学习、机械记忆方面的精力太多，以至于自由思考、探索的机会不足，动态推理能力、解决问题能力发展不够——而这些才是知识快速更新时代更重要的能力。何况，为考而学会败坏求知的乐趣，不利于培养孩子成为终身学习者。

考好成绩、上好大学只是通向美好人生的手段、过程，我们以为孩子因此可以找一份好工作，满足基本需求。不少母亲培养孩子时，事实上着眼于基本需求，对更高的需求和生命展开状态缺少想象，培养孩子的观念、意识不高，甚至根本上设立了观念、意识的天花板，灌输了狭隘乃至错误的知识和观念，局限了孩子的视野，在生命宽度与高度的意义上，限制了孩子的成长。

何况，就是我们以为的上大学、找好工作的目标也越来越渺茫，学生时代（尤其是中小学阶段）的成功并不能直接兑现为理想的工作。因为，现行模式下培养的人比较符合缺少变化的慢时代社会需要，而在当今知识、技术日新月异的时代，则需要有终身学习能力和具有动态思维、创造性思维的人才，要求具备主动解决问题的能力，强调团队协作精神、沟通能力——目前主流的学校和家庭培养方式并不利于培养未来社会需要的人才。

特别令人难过的是，为数不少的孩子并不适应当前的培养方式，而很多母亲又坚持以考试成绩要求孩子、衡量孩子，逼迫孩子顺应，结果孩子学习不一定好，引起亲子关系紧张的情况所在多有；孩子成长过程中的心理健康、兴趣探索和发展，也被不同程度地耽误、抑制。

我想，大多数母亲会同意，我们不只希望孩子上个好大学，有个好工作，其实我们真正希望的是孩子有一个快乐、幸福的人生。如果是这样，我们当前的主流培养方式和基本假设就更成问题了，因为它并不利于培养我们希望孩子拥有的那种人生所须具备的能力。

为什么这么说？有诸多研究为证。其中，历时最为久远、考察指标综合、全面的“格兰特研究”在我们设定培养孩子的目标时，特别有参考价值。

这项著名的研究始于1938年，由时任哈佛大学卫生系主任的阿列·博克教授提出，回答“人怎样才能健康/成功/幸福”的问题。

该研究追踪一批人从青少年到人生终结，关注他们的高低转折，记录他们的状态境遇，点滴不漏，即时记录，最终将他们的一生转化为一个答案——什么样的人，最可能成为人生赢家。

主持这项研究整整32年的心理学者乔治·瓦利恩特说，赢家必须“十项全能”：十项标准里有两项跟收入有关，四项和身心健康有关，四项与亲密关系和社会支持有关。譬如说，必须80岁后仍身体健康、心智清明（没活到80岁的自然不算赢家），60~75岁间与孩子关系紧密，65~75岁间除了妻子儿女外仍有其他社会支持（亲友熟人）等，60~85岁间拥有良好的婚姻关系，收入水平居于前25%。

真正能影响“十项全能”，帮助一个人迈向繁盛人生的，是如下因素：自己不酗酒不吸烟，锻炼充足，保持健康体重，以及童年被爱、共情能力高、青年时能建立亲密关系。

瓦利恩特说，爱、温暖和亲密关系，会直接影响一个人的“应对机制”。他认为，每个人都会不断遇到意外和挫折，不同的是每个人采取的应对手段，“近乎疯狂类”的猜疑恐惧是最差的；稍好一点儿的是“不够成熟类”，如消极、易怒；然后是“神经质类”，如压抑、情感抽离；最后是“成熟健康类”，如无私、幽默和升华。

我们可以对照思考一下，我们现在的培养方式，可以帮助孩子成为什么样的人、拥有什么样的生命状态与人生状态？

我们现在的做法是否有助于孩子成为宽泛、全面意义上的人生赢家？

我们是否需要重新梳理、审视自己的育儿理念、培养目标和培养方式？

四、好妈妈：做好自己，与孩子沟通良好

不同意识形态下，好妈妈的标准有差异。我理解的好妈妈标准服从于前述培养目标，取决于人文主义价值理念。

在人文主义视野下，每个生命都是独特而珍贵的；人是目的，不是手段；每个人都是自由而平等的生命个体；人之为人，最重要的使命是自由选择成为自己希望的那种人。

简单地说，好母亲是把自己做得很好的人。

我所谓的把自己做得很好，指理想的生命存在和展开模式，可以借由心理学家亚伯拉罕·马斯洛的需求层次表达。

马斯洛的理论把需求分成生理需求、安全需求、社交需求、尊重需求、自我实现需求。这些需求依次由较低层次到较高层次排列，越往上，精神性越强，越脱离了生理需求。

如果说生理需求是树根，必须率先予以满足，理想的状态

是不停步于此，而是在此基础上提升存在的精神性，最后开出自我实现的璀璨生命花朵，甚而能够自我超越。那此生就堪称圆满了。

好母亲是有能力较好满足自己各方面的需求，把自己的生命经营得比较好的人，是不断通往自我实现目标的人。

她独立、自主、自强、自尊，承担个人责任、家庭责任、社会责任，富有生活的热情，坚强而柔和，无论发生什么，始终抱有对爱、对人性的信心和对真善美的不懈追求——因此才能通向自我实现。

因为她自己活出了良好的生命状态，自身丰富，满足、有见识、有经验、有阅历，足可充当孩子的典范，桃李不言，教育孩子有说服力，有能力在物质、精神、情感、知识的多重意义上加持孩子。

母亲教育孩子似乎天经地义，没有政府、社会进行资格认证的问题，但是，在养育、教育的对象——孩子的潜意识里，这个问题是存在的。母亲做好自己，是赢得教育孩子资格的第一步。

当然，生命的成长本身是过程，好母亲不是天生的，不是一蹴而就的，而是有意识地养成的，是随着孩子的成长自身不断成长的结果，是一个动态的过程——在这个意义上，生养孩子、担任母亲，正是最好的一个道场，也是最好的学习与自我成长机会。

为此，她必须具备谦卑（而不是自满、骄傲、自以为是）、开放（而不是故步自封、抱残守缺）的精神，能够意识到并承认自己的无知与不完美，并不断地学习和自我提升。

教育理念、资讯、产品和服务类型丰富的情况下，作为主要养育者的母亲面临纷繁的选择。在孩子小的时候，需要为孩子做决定，等孩子稍大，开始有了自主意识而判断力还稚弱、不能独立承担行为决定的后果时，需要协助孩子做决定。

从价值理念到方法都需要选择，这对我们的视野和判断力提出了要求。

母亲与母亲的差别，视野和判断力高下是关键。

判断力需要不断学习、培养、提升。

当然，学什么、如何学习也是需要考虑和判断的问题。我们不仅要避免无知，也要避免东鳞西爪，面对纷繁、冲突的观念、方法，需要进行系统的思考、甄别、判断。

保持怀疑、批判精神至关重要，常识和理性（尤其是实践理性）必不可少。

择善而从，学习的内容多样化，学会从不同的角度看问题，有助于提高判断的系统性和准确性。

有的母亲自己各方面都很优秀，非常希望把自己的见识、经验教给孩子，孩子却不买账，有些孩子甚至拒绝和母亲沟通，亲子关系疏离、紧张，表明母亲与孩子的沟通方式出了问题。

好母亲是谦卑、开放、包容的母亲，在孩子成长过程中，既积极有为，承担引领、指导孩子成长的责任，同时不会把自己视为权威、真理的代言人，不会居高临下、颐指气使，而是把孩子视为人格平等、有自己独特感受、体验与认识的个体。

她不会把自己的立场、观点、看法强加给孩子，不会贬损孩子自尊心、情感，不会贬低孩子的观点、看法、感受，而是同情地倾听孩子，以同理心理解孩子。即便不理解、不认同，也承认孩子独立思考的权利，赞赏孩子独立思考的精神。

当然，好母亲一定是有原则、有所为有所不为的母亲，不会为了照顾孩子的情绪，隐藏自己的真实看法，提供言不由衷的虚假赞美，而是真诚、坦率地陈述自己的观点，并给出思考的过程、理由、依据。她不是想证明自己正确、高明、先知先觉，而是希望把自己的想法贡献给孩子，既丰富孩子的思考和认识，也锻炼孩子的思维能力、说理和沟通能力。

进而言之，好母亲不会把孩子视为自己的财物和附庸，不在任何意义上把孩子作为自己的手段——不是传宗接代的工具，不是婚姻的黏合剂，不是自己梦想的承担者，不是养老计划，而是一个有权利活出自己选择的独特人生样式的生命体。自己所做的一切，无不是为了把孩子培养为独立、自主、能承担责任、有生存和发展能力的人。

好母亲不会滥用母亲的身份，对孩子施加道德绑架；以爱的名义，行掌控孩子之实。当孩子有独立的思考、关系和生活时，哪怕自己在孩子那里的存在缩小，也是最高兴的那个人。

好母亲不仅关心孩子的学业，也同样关心培养孩子的生活能力、解决问题的能力、动态推理能力，以及自信心、韧性、毅力等品质。

好母亲避免投射，不会越俎代庖，而是根据孩子成长的阶段，一步步让孩子面对真实生活、真实问题，让孩子在试错的过程中，学会解决问题、承担责任，提高生存能力与自信心、自尊心。

好母亲关心孩子处理人际关系的能力。她知道人际关系好坏对孩子当下和长远的快乐、幸福密切联系，因此，会培养孩子交朋友和与人合作的精神，教会孩子通过沟通解决人际关系冲突。

好母亲会示范和教给孩子调节情绪的能力。她知道任何人的人生都不可能一帆风顺、事事如意，困难、挑战在所难免，陪伴孩子成长的过程，也是教会孩子面对不如意，面对挫折、失败的过程。她永远以积极、乐观的精神，以冷静、理性的思考和分析，见招拆招，让孩子明白，困难并不可怕，甚至，克服困难根本就是有趣的事情，是智力游戏和心智、能力成长的机遇。

母爱不仅是对孩子生命过程的积极进入、参与，也是根据孩子能力状态逐步、及时的退出，否则就会对孩子的成长构成干扰、遮蔽甚至扭曲，妨碍孩子生命自由、充分地展开。在这个意义上，我们自以为是的母爱可能恰恰是孩子的负担，对孩子有害无益或者弊大于利。

母亲对孩子生命的进入本身不是目的，功成身退才是——进退之间的把握，同样有赖于母亲的智慧和判断力。

养儿育女是个系统工程

为人父母，抚养一个生命长大，实在不是容易的事，说这是天下最考验耐心和智慧的事业也不为过。作为一个顺利完成了母职的母亲、曾经的教师、咨询师，我见到好多年轻家长为教育孩子焦头烂额，面对纷繁的育儿思想、技艺学习班、补习班无所适从。

在我看来，养儿育女是一个历时久远的伟大工程，需要有战略目标与系统思考、规划，以及有力的执行。

只是，许多父母并没有把育儿工作提高到战略层面看待。有长远规划、有定力、有执行力的父母似乎不多。

一些父母的目光停留在当下，要么不假思索，率性而为，要么听到什么新想法就心动，未做深究，好同周围比较，容易跟风；某些观念和做法互相矛盾，对家庭付出时间、精力，结果却未必好。

比如，有家长把“穷养儿”奉为圭臬，明明富足却告诉孩子家穷。我听过的极端案例是，富商夫妇相信“艰难困苦，玉汝于成”，向孩子谎称破产，把家搬到穷乡僻壤，直到孩子考上大学，才把“良苦用心”告诉孩子。

有家长相信“家贫出孝子”“穷人的孩子早当家”之类的说法。但贫穷或是不得已的情况并非孩子成才的唯一途径，更不能因为想激励孩子努力学习而刻意营造贫困艰苦的假象。实际上，艰难困苦有可能砥砺孩子，成为奋发图强的动力，也有很大可能造成自卑、忧惧。看看历史上的成功者，出身贫寒的比例高，还是家庭优渥的比例高？

再说，物质稀缺时代非常重要的节约、节俭，在物质丰饶的今天仍然那么重要，需要不遗余力地强调吗？且不说贫穷会造成恐惧、担忧、自卑等心理压力，还可能对成年后的行为与思维产生负面影响。更重要的是，谎称家贫有失诚信，有违交流伦理，亦非良好示范。

有家长认为，学习是第一位的，只要好好学习就行了。因此，凡是可能导致孩子“分心，影响学习”的事一概不让孩子做，不告诉孩子。有位朋友的孩子在国外念大学，丈夫车祸去世，担心影响孩子情绪，决定不告诉孩子；有位亲戚的妈妈病危，怕耽误孩子学习，隐瞒住在异地上学的女儿。

学习比人伦亲情还重要吗？这样的做法会传递什么样的价值观呢？这样的价值观培养出来的孩子真是我们期待的吗？再

说，我们的孩子真有那么脆弱吗？这样的保护对他们的成长，真的好吗？

也听说过“富养女”的案例。道理很大，鼓吹者却没考虑父母的实际条件。怎么个富养？富到什么程度？须知，富是相对的、主观的，因时、因地、因人而异。

有为“穷养儿”谎称家贫的父母，也有为“富养女”打肿脸充胖子的家庭，都没有让孩子生活在真实中。父母吃苦耐劳忍辱负重，不让孩子知道真实的生存状态，孩子对父母予取予求，因父母不能充分满足自己欲求指责、怨恨父母；另一方面，娇生惯养、大手大脚，却没有赚钱的能力，父母和子女全都陷于痛苦之中。

我认为，人与人之间、亲子之间，最重要的是呈现真实的自己、真实的生活状态。有什么条件就提供什么条件，要让孩子生活在真实中。能够提供优越的条件，满足孩子与家庭经济水平相当的物质要求，教会孩子合理消费，只要不骄奢淫逸，其实有利于孩子安心学习、愉快生活，并不至于惯坏孩子；条件不好，只要家长不自卑、勤劳努力，对于孩子就是正面教育。

有的教导者说，“父母不能向孩子诉苦”，理由是向孩子诉苦会增加孩子的心理压力、导致不安全感等。的确，生活中有向孩子诉苦、向孩子转移压力的家长——工作不顺心、人际关系不好、心情不佳、夫妻关系不好或离异，不是把气撒在孩子身上就是向孩子诉苦，这类做法当然没道理。但是，家长根据孩子的理解能力和承受能力，告诉孩子工作与生活中的困难挫折，是否可以呢？我觉得，重要的是如何告诉孩子。方法得当不仅不会吓着孩子，反可以让孩子了解家庭情况，感受到信任，因此，更容易理解家长、有所担当。这样的孩子容易成长为体谅父母、有责任感的孩子。

把困难告诉孩子也是让孩子知道，人生不会一帆风顺，大人也会遭遇挫折。父母如何面对和克服困难，可以成为孩子的良好示范。只要不是惊慌失措、指责抱怨、唉声叹气或怒气冲天，只要能做到平静、理性，基于理解、尊重、相互鼓励，进而分析问题、解决问题……这样的过程就是非常有价值和意义的学习机会。当孩子自己面对困难的时候，就能懂得如何处理，而非惊慌失措。

家庭生活是社会生活的预演，父母的责任是帮助孩子做好进入真实社会的准备。如何准备与希望把孩子培养成什么样的人这一战略目标密切相关。战略目标明确，才能确定战术与方法；长远的战略目标可以让我们平静面对眼下得失，会不会输在起跑线也就没有那么重要了，也才不至于担心影响学业，向孩子隐瞒家人患病、死亡的信息。更大、更长远的视野还能帮助我们接纳孩子的失误，不至于一心只盯学习，孩子的些微失误都会引发亲子冲突。

我相信，我们想培养的是懂得且重视人伦亲情的人，是能够自强、自立、自主的人，是遵章守法、知晓权利、义务、责任的公民。这一工作应该从小开始，自生活细节着手培养、锻炼，而非等到孩子成年才来抱怨孩子处处依赖父母，不够独立，不懂体贴。

确立一个明确、长远、系统的养育目标，我们更容易在纷繁的育儿术中保持定力，不致迷失自己。

今天，我们怎样做父母

——中国亲子关系的危机与出路

爱的绳索，期待的鞭子

思思是一所名校初三的学生，还有两个月中考，她却精神萎靡，拒绝上学，在家睡觉、玩游戏、看玄幻小说。好说歹说去了学校，却始终处于迷糊状，根本听不进课。她不想再为考试付出努力，“太累了”“为什么一定要上大学”。她只想熬到初中毕业就找份工作，不再依赖父母，如果因为年龄原因无法进入劳动力市场，就读个职高。

思思从小学业优秀，是个乖乖女，但一切都在初二下学期的一个晚上改变。

那晚，临近午夜作业还没写完。思思困极了，想睡觉，守在一旁的父亲不许。父女爆发了严重争吵，盛怒之下，父亲扬手一杯茶水泼到她脸上，她顿时崩溃，哭喊着奔向窗前，意欲跳楼。

第二天清早，思思神思恍惚，已不记得夜间之事，只反复念叨："有人要打我，有人要打我。"她在精神卫生中心住院治疗了一个多月，根本没有效果。出院后，抗抑郁药、安眠药没有恢复她的精神心理状态，反令她困顿、乏力。她让父母别再对她寄予希望，再生个孩子。

怕女儿轻生，母亲辞职做了全职妈妈。她恨自己软弱，为没能抵挡丈夫对女儿的高压管控后悔不已。曾经志得意满的父亲愧悔交加，深恨自己毁了女儿的前程。他请求女儿回到升普高、考大学的"正常"轨道，觉得唯其如此才证明女儿原谅了他。

这是一个常见案例。太多父母把子女养育作为家庭重心，出于对子女近乎狂热的爱，为了让子女将来过上好生活，为他们设定好通往"成功"的路径——考大学，最好考名牌大学。养育重心围绕子女教育展开，教育重心又落在考试成绩上。

我们自认为对孩子关怀备至，为了他们的成功殚精竭虑，尽可能为孩子营造良好的生活环境、学习条件——"现在的孩子太幸运了""身在福中不知福"，我们常这么说。但能否帮助孩子成功尚在未定之天，孩子们当下不快乐却是真实的！

孩子们严重缺少自由、自主，父母的付出是要求回报的，孩子得听话、感恩，严格按照父母设定的道路，拿出好成绩并满足其他理想化要求。

就这样，爱变成绳索，期待化作鞭子，孩子无论多好的成绩也还不够好，无论怎么努力都还有继续努力的空间。孩子仿佛学习和考试的“劳工”，父母有如严苛“监工”，彼此间关系紧张，摩擦频仍。

如今，父母聚会，声讨孩子“叛逆”是重要议题；孩子聚首，吐槽父母唠叨、专制、不可理喻是常规节目。

孩子“叛逆”的年龄比二三十年前大大提前，小到七八岁的小学生，儿童抑郁、自杀年龄也屡创新低。

越来越多的人察觉，孩子的成长没有达到预设的养育目标，亲子关系紧张的状态令人备感困惑。父母通常归咎于孩子和社会环境，希望强化规训、升级打压，有人呼吁恢复传统孝道。

但这些都不得其法。正如美国养育革命先锋人物、斯坦福大学前新生教务长朱莉·利斯科特—海姆斯指出的，孩子的问题根源不在孩子身上，而在父母错误的养育方式。无论是否意识到，孩子的问题、亲子关系问题的根本是父母的问题，需要检讨的是父母。

我们的养育模式陷入了空前的危机，反思与改变迫在眉睫。

亲子关系or权力关系

1967年，美国发展心理学家戴安娜·鲍姆林德归纳出放任、专制、权威三种养育模式。1983年，心理学家埃莉诺·麦考比和约翰·马丁以“放纵型”取代“放任型”，增加“忽视型”。20世纪90年代，吉姆·费伊和福斯特·克林纳发明“直升机父母”一词，指父母像直升机一样盘旋于子女头顶，对子女实施指挥、控制、帮助。2016年，朱莉·利斯科特—海姆斯在《如何让孩子成年又成人》中指出，专制型父母和放任放纵型父母都可能同时也是直升机父母。

在我看来，直升机行为加剧了专制型养育和放任放纵型养育的固有问题。基于此，我对妈妈全职带孩子，全天候围着孩子转的做法持谨慎态度。不同的养育方式对应不同的沟通方式，体现不同的权力关系：

放任放纵型家长对孩子几无要求，有求必应；他们不愿制定规则，也没有期望，缺乏规训的基础和需要；可能会提醒、唠叨，但很少将口头威胁落实到行动。这类亲子关系不存在权力争夺，不容易发生冲突。这类父母如果同时是直升机父母，更容易宠坏孩子。

忽视型父母对孩子既缺乏情感支持和积极回应，又缺少行为方面的要求和控制，一般只提供食宿衣物等物质需求，不在精神上提供支持。这类父母与子女不存在权力争夺，基本上未尽养育之责，以父亲居多，占有相当比例。

专制型父母主观性强，高标准、严要求。期望孩子服从、尊重自己，习惯诉诸恐吓、羞辱、打压、惩罚。他们不倾听子女，不解释行为，亲子间常发生权力争夺。就我的咨询经历，学习困难、迷恋游戏、失恋自伤自杀、抑郁、强迫症、焦虑，还有母女、婆媳冲突，以及夫妻关系问题的背后，往往都有专制的父母存在。

权威型家长把孩子视为独立的理性人，满怀亲情与温暖。对子女有要求、引导、支持，积极反馈，鼓励并尊重孩子表达意见与观点。这是一种理性的、民主的教养方式，对孩子的成长最为有利。《纽约时报》推荐的畅销书《世界上最聪明的孩子》作者阿曼达·里普利认为，“权威型”养育结合了“专制型”和“放任型”养育模式的优点。

据我观察，中国中产阶级父母的主流养育模式是专制型，包括直升机专制型和忽视专制型。养育行为往往结合了两种不同模式，有的父母，通常是父亲经常忽视孩子，即使沟通也常是居高临下、颐指气使的专制者面孔。忽视而专制是最差的一种养育模式，比忽视加放任／放纵还要糟糕。

相较于西方父母，中国专制型父母缺少对子女主体性、人格、权利、自由、自尊的基本尊重，甚至就是缺少相关意识，彼此隔着一道人文主义鸿沟。

爱的表达不等于爱的接受

父母爱孩子的本心无可置疑，然而，主观的爱的表达未必等于爱的接受。从父母的角度讲，无论他们做什么：逼迫、威吓也好，贬低、羞辱也好，吼骂、责打也好……无不是爱的表达——“都是为了你好”。然而，孩子的感受却不是这样。

他们感受到的不是父母爱的本意，而是父母的具体言行。那些“还不都是为你好”的言行让他们受伤。“恨铁不成钢”也是恨，爱孩子，需要做到言语、行为与本心一致。爱要通过温暖、滋养心灵的言行来表达。我们表达爱的技术和能力需要翻转性改变。

在“不让孩子输在起跑线上”的魔咒下，多少父母心急火燎地赶着孩子奔跑在通往“成功”的路上，这是焦虑根源，导致很多非理性行为——就如思思父亲一般。

有必要问一下，什么是成功?

为什么成功那么重要?

我们的做法真的在帮助孩子成功吗?

通往成功的路径并非仅有一条，以考名牌大学为目标的成功观太过狭隘。当代人普遍接受了社会化、物化、简单化的成功标准，将其化约为金钱、地位、名头，并有为成功不择手段、不问道德良知的倾向，这是对成功的误解。

据词典释义，成功指达到或实现某种价值尺度的事情或事件，从而获得预期结果。成功包括精神与物质两方面。每个人都可以根据自己的目标不断奋斗，体现自我价值，无论结局如何均为实现了成功。

父母有必要扩大视野、去除执念，超越狭隘的功利标准，置换养育目标，采用多元、宽泛、尊重孩子主观感受的成功观；珍视眼前独特、唯一的孩子，而不是把他作为实现父母设定的理想目标的工具。

让孩子作为自己人生的主体，如其所是地爱、珍惜、接纳、尊重他，无论聪明、愚笨，成绩高低，都积极发现和张扬孩子的优点与长处，帮助孩子形成自身优势，获得自信；为孩子鼓掌，让他始终保有自信。

其实，与其说我们关心的是成功，不如说我们关心的是幸福。我们把成功等同于幸福。

有必要追问：什么是幸福？

对此，很多父母未必有深入的研究和思考。

我赞成国际知名幸福研究专家、伦敦政治经济学院行为科学教授、英国政府幸福调查问卷设计者保罗·多兰的定义：幸福是人生过程中体验到的愉快和意义，两者越平衡，过程中体验的愉快和意义越多，人生的幸福总量就越大。他特别指出，未来的幸福不能弥补当下的幸福损失。

“十年寒窗”，幸福很少，痛苦很多，考上大学或能以自慰，那些未考上大学的，过程中的痛苦就是幸福净损失。

美国哥伦比亚大学哲学博士霍华德·金森研究“人的幸福感取决于什么”，结论是：“所有靠物质支撑的幸福感都不能持久，都会随着物质的离去而离去。只有心灵的淡定宁静，继而产生的身心愉悦，才是幸福的真正源泉。”

史上持续时间最长、最全面的精神心理健康研究格兰特研究历时75年，从20世纪30年代开始，持续追踪268位哈佛大学学生的人生，求解“幸福密码”，得出的结论是：对于幸福人生，最终，爱、关系最重要——而不是我们以为的金钱、权力、地位。

金森的研究和格兰特的研究都揭示了幸福的主观、精神特性，是很好的启示，父母们不妨以此对照和修正自身的观念与做法。

我们在定义成功和幸福时，受制于物质极度稀缺的恐怖记忆，关注匮乏性需求，严重忽视存在性需求。

另一方面，大学、名牌大学毕业证未必能兑换为好工作、高收入、高地位。我们的养育方式没能真正帮助孩子做好对接职场和社会的准备，甚至不能帮助他们建构良好的亲密关系。

过多与过少

养育过程中，我们在一些方面做得过多，在另一些方面又做得太少，甚至反向作为。

我们让孩子在围绕考试的学习上投入的精力过多，了解和发展自身潜力、兴趣的机会过少。结果，孩子的知识单薄，视野狭隘，认知水平、判断能力低下；我们不假思索地把孩子交给学校，让孩子长期承受超负荷的“知更鸟式”教学和刷题式学习，磨灭了孩子的好奇心、求知欲、内驱力、创造性，形成学习厌腻、懈怠，这无助于他们成为终身学习者。

在物质生活上，我们拼命富养孩子，却对孩子的思想、精神、心理状态关心不够；传递庸俗市侩的生存哲学，不讲公平正义、是非对错，导致孩子价值虚无、价值观混乱；在生活上，我们包办代替，没有帮助他们锻炼生活/生存能力、人际交往能力、情绪调节能力、解决具体问题/面对困难的能力。因此，孩子们身体长大，却没有做好独立自主的准备，也缺少自信心、自我效能感。

当孩子遭遇学习困难，最需要我们同情的时候，我们情绪失控，以批评、责备为主，正面帮助不够。这无助于鼓励孩子尝试以平常心看待失败，探索走出失败的方法，形成对他们一生至关重要的抗挫力；我们对孩子指挥、命令较多，尊重、倾听较少；我们不鼓励思想自由、人格独立，要求孩子言听计从，否则就是“不听话”“叛逆”；我们对孩子否定、批评、论断较多，肯定、赞扬、认同较少；悲观、虚无色彩浓厚，乐观、理想主义缺乏。

许多父母在理论上知道培养孩子的自尊心、自信心很重要，在现实生活中又经常贬低孩子。从人格、尊严的意义上讲，我们是在勒索，甚至虐待孩子。难怪当代子女与父母的关系普遍质量不高，不仅是学业“失败”的孩子，就是成绩很好的孩子，对父母也颇多怨言、怨恨。

我们与孩子互动的方式，反映了我们没有把孩子视为平等、独立、有尊严、有自由意志的主体；我们没有把父母子女之间彼此分离，把孩子的独立作为养育目标。

孩子是民族的未来。不正常的亲子关系以及不正常的养育模式如果不能从根本上改变，我们民族的未来能让人乐观吗？

专制型中国父母

有位80后父亲固执地认为：孩子必须惧怕一位家长才行，夫妻之中必须有一个人唱白脸，这样才“镇”得住孩子。他当仁不让地承担起这个令女儿害怕的角色。孩子从小就受到他的唠叨、吼叫、打骂。如他所愿，孩子确实怕他，只要他在身边，她就感到紧张。七八岁的她已经琢磨着如何远离父亲，请求妈妈让爸爸搬到单位吃住，工资银行转账就行了。

这位父亲的观念来自他的家庭，他小时候就被如此对待，这是他熟悉和习惯的方式。这类观念与做法在中青年父母中有代表性。

父母为什么想要孩子惧怕自己？为什么要“镇”住孩子？这样的观念背后，有着对孩子怎样的想象？又隐藏着怎样的亲子关系认知？

父母之所以需要孩子惧怕自己，无非是为了便于管理。我们可以想象，因为孩子惧怕自己，就容易做到令行禁止，无须花时间了解孩子“不正确的”想法、体会孩子“幼稚的”情绪，不需要解释、沟通、协商，以至于达成共识，甚至根本不需要达成共识；如果孩子犯了“错误”，也就是说言行不符合家长的意志，施以言语打压、暴力处罚，就可以达到纠正的目的。

这是一种专制主义的养育方式。

在养育哲学的意义上，大多数中国父母是程度不同的专制主义者。

反抗是生命成长所必需

当今世界，专制独裁的名声不好，家长很难把自己同专制独裁联系起来，自我感觉良好，以为自己开明、民主。事实是，我们常常知行背离。

肖肖留学海外名校，一个学年下来，多门功课挂科，情绪崩溃。他的一句话让崇尚自由民主的父母无话可说：“你们什么时候给过我自由、民主？！”他控诉父母不爱他、不信任他，列举了父母在他小时候威胁不要他、关他黑屋子、扔掉他喜欢的书、强行要他去他不想去的学校等诸多“暴行”，指控他们否定他的看法，强加他们的观点，让他失去了朋友……以至于“听见我妈的声音我就感到毛骨悚然”。

专制养育方式在孩子幼年可能有效，随着孩子自我意识的增强，很多家长在孩子小学高段、初中就开始遭遇反抗，也有家长在孩子更小的时候就力不从心了。我们惊呼孩子好“叛逆”！所谓“叛逆”，无非犯上作乱的意思，这个词本身就预设了父母子女间统治与被统治，彼此权力不对等、身份不平等的意识。

对此，我有不同看法。

“叛逆”之说弄错了亲子冲突的根源，打错板子、误导父母，是典型的成人生病、孩子吃药。实际上，没有什么叛逆，只有父母不恰当地入侵孩子空间，不尊重孩子的主体性，不讲公平、正义，压制子女的权利、自由和天性，孩子才会不服从，进而反抗。

如果孩子反抗你，恭喜你！反抗是生命成长所必需的过程。孩子有反抗的意识和能力，说明一切还有救。孩子对父母有力、成功的反抗意味着对父母遮蔽和压迫的超越，对父母认知天花板的突破。真正在意子女成长，而非关心自己权力、面子的父母，一定会对子女的反抗表示理解、欣赏，甚至鼓励。

深究起来，专制主义父母对孩子的想象是很负面的，诸如无知、容易犯错、没有独立意志，需要打击，必须纠正到父母理解正确的轨道上来；孩子还常常是懒惰、贪玩、好吃、不求上进的，不知道自己在做什么，不知道什么对自己好，不关心自身前途和未来，因此，需要成年人的指挥、命令、规范、控制，否则就要出问题、走弯路，甚至被毁掉。

家长也有意无意地预设了自己的全知全能，无非是家长有阅历、有知识、有经验。因此，孩子按照自己规划的道路前行、按指挥行事，不就万事大吉了吗？

进而言之，在专制独裁家长的观念中，父母生育、养育，有恩于子女，子女从属于父母，是主从关系。不少父母抨击子女都会这么说：“生你、养你，吃我的、用我的，还不听我的话！”崩溃的思思为什么不想花父母的钱、小小年纪就想打工？父亲常拿“养”她来压她。

以居高临下之心，很多父母忘了子女也有尊严，尖酸刻薄的语言好似子弹，即使对仇敌也不过如此，却美其名曰“恨铁不成钢”“都是为你好”。

爱孩子的初衷毋庸置疑，却没意识到，爱的感知、接受比表达更重要。

不少父母认同吼叫、打骂是专制行为，殊不知指挥、命令、否定、论断同样是，也会造成心理伤害、思想局限。

人本主义心理学家亚伯拉罕·马斯洛认为，专制主义养育方式不利于儿童自由充分地成长，压抑儿童天性，好比给儿童穿上了紧身衣，容易导致人格问题、心理障碍。另一人本主义心理学家弗洛姆区分了“专制独裁的良知”与“人文主义的良知”。前者是儿童将父母等外在权威确立的戒律内化为自己的心声。这种良知并非源于个人的价值判断，而是基于获得奖励、害怕惩罚的权宜之计。难怪很多孩子无法形成自己的价值观，小小年龄就成了两面派。“人文主义的良知”不受父母制裁与报偿的影响，存在于个体心中，是真实的心声和对自我的关爱与肯定，有助于人格的健全与和谐发展。

当代中国父母的养育思想处于专制主义向人文主义过渡的阶段，部分接受人文主义养育理念，实践中仍呈现出浓厚的家长制色彩。但我们的孩子已有更高的自由意识和权利要求。

曾接访过一对母子。儿子小胜上初三，成绩优秀，老师欣赏，是同学中深孚众望的班长。然而，在妈妈眼中，他完全是另一个样子：不学习、沉迷网络游戏、夜不就寝，污言秽语辱骂妈妈，扭伤妈妈手腕，把妈妈推倒在地、锁在门外，怼外婆、骂舅舅、打姨夫……妈妈口中的他冷漠、残酷、没有人性，“是个人渣”，她甚至担心儿子会要了她的命。

一个优秀学生、好班干部，怎么变成这个样子？

妈妈归咎于网络让儿子失去了人性。沉迷网络、怠于学习跟母子间日益严峻的冲突并不构成因果关系，不会导致不认亲人，也不会化作语言上的“你听不懂道理，我只有用拳头说话”。

儿子头脑错乱、有精神病吗？

没有。

从小就这样吗？

不是。

母亲开始回忆母子关系变化的节点性事件。

半年前，儿子锁门睡觉，她以担心儿子踢被子为由坚持要儿子开门睡觉。其实是为了监督、窥视，防止他看小说、打游戏。几番争执不下，趁儿子上学，她叫来弟弟取下房门锁芯。儿子放学回家，一看门锁没了，立马暴怒。推倒她、扭伤她缘于儿子要上网，她强行断掉网络。母子交火的另一事件是，未征得儿子同意，母亲把小姨赠送的iPad交给班主任，母子与老师签了一份三方“协议”：iPad由老师保管，待中考取得理想成绩后交还。

我理解儿子为什么骂妈妈是“强盗”“脑残”，为什么觉得外婆、舅舅、姨父不可理喻——他们是非不分、不讲道理、强加糨糊逻辑，诸如，“无论如何她是你妈”“你妈都是为你好”“你妈养你不容易，你忘恩负义”“你比弟弟大，你必须让着他”……

自故事的讲述，我看到一个权利意识觉醒，讲公平、辨是非，要求拥有学习、休闲等自主权和个人空间的少年。妈妈没有听见他激烈的怒吼，“不把我逼到动手，她就不会闭嘴”，他诉诸暴力，对妈妈“揭竿而起”。通过交谈，妈妈认识到自己是问题根源，减少了对儿子的干预，母子关系得以缓和。不到三个月，孩子主动告别了游戏，恢复正常作息和精神风貌，顺利考上了本校直升。

面对专制家长的控制、逼迫，长久忍耐的女孩儿崩溃了，父母陷入深深的自责、追悔和痛苦；反抗的男生争到了自由、自主，母亲退回合适的位置，母子各自安好。

危机的化解

中国式养育的危机是父母专制养育所致，解决之道是学习人文主义养育思想及权威民主型养育模式。

作为一种哲学思潮和世界观，人文主义是文艺复兴的灵魂，它肯定人性和人的价值，要求个性解放和自由平等，推崇感性经验和理性思维。现代人文主义教育思想继承了人文主义教育传统，以现代人文主义哲学和心理学为基础，强调人的整体性、全面性和创造性，尊重人的价值、自由、理性、情感，以人的“自我实现”为教育目标，提出适应个体身心发展规律的教育教学方法。

人文主义哲学思想、教育思想不仅深刻影响到学校教育，也影响了父母的养育实践。西方父母普遍把孩子视作平等、独立的个体，西方孩子拥有更多的独立、自由、自主。父母像尊重成年人一样尊重孩子，体罚违法，也很少吼叫孩子，对子女的命令、控制、指挥、压抑较少，协商、沟通、倾听更多。

无论教育还是养育，中国，既面临清理摆脱家长制、等级制、专制独裁的任务，也须借鉴整合西方现代人文主义教育思想。

我们的父母敢于破除自以为是的自我认知，以尊重、平等的态度对待作为另一生命体的孩子吗？敢于对孩子放权，并承认孩子离不开自己指挥的想法是虚妄和投射吗？

斯坦福大学教授特瑞·卡塞尔认为："父母就是拿来愚弄和蔑视的……即使是最受尊敬的传统也是用来突破的；创造力理所当然存在于个体而不是群体，在于青年而不是老人……在象征意义上和其他方面，个人权利的伸张不可避免地始于孩子最初对家长的反叛。"在科学技术日新月异、传统经验失灵的今天，卡塞尔的话可谓振聋发聩。

如果能够贯彻人文主义精神和教育思想，还给孩子独立、自由，不去镇压孩子那些不同于我们的意见、感受、行为，鼓励自由思考，培养批判性思维能力、决策力、担责能力，当今中国式养育的主要问题、亲子矛盾均可得到极大改善。也有助于养育自由的孩子，收获幸福的亲子关系，同时，也是为社会培养积极有为的公民和推动社会进步的生力军。

那妈妈要好好学习

那是女儿上小学五年级的时候，有一天，接她放学回家的路上，她突然问我："妈妈，书上说小朋友上初中一二年级的时候，会进入一个叛逆期。你说，到时候我会不会叛逆你呢？我会不会不听你的话呢？我们的关系会不会不像现在这么好呢？"

这一连串的问题来得突然了，我完全没有思想准备，一时有些蒙了。

在我自己的成长历程中，听得最多的一句话，也是家长和老师最常用来表扬小孩子的一句话，就是"听话"——在家听爸爸妈妈的话，在学校听老师的话。听话才是好孩子、乖孩子。

似乎从很小的时候开始，我就对这句话有着本能的反感，虽然说不清楚为什么。随着年龄稍长，逐渐明白了反感这句话的原因。家长和老师预设了他们说的话都是真理，进而把自己预设为真理的掌握者；作为真理的掌握者，他们有权裁判孩子、学生的好坏，以他们自以为是的真理为尺度。而孩子、学生在他们的预设中，也就是无知无识的，不仅没有，甚至不该有自己的思考、疑问，乃至感受和喜好。

可是，我知道家长也好老师也好，都是有限的存在，他们并不真的是真理的化身，也并非完美的存在。即便他们有更多的知识和经验，即便他们的知识经验都是不易的正确，他们也不能因此代替孩子的思考和感受，不可以剥夺孩子试错的机会。既然如此，为什么一定要听他们的话呢？

至少，我不能不加思考和分析地听他们所有的话。他们的话也是真理和谬误共存，他们的认识受限于自己的见识、知识、经验、感受，并不是放之四海而皆准的不易之理，我怎么可以都听呢？

我对这句话有着近乎生理性的警惕和防卫。我既绝不迷信崇拜任何人，也不希望任何人迷信崇拜我。

我对自己说，我可不能做总是自以为正确、真理在握的妈妈和老师，我绝不要求我的女儿和学生对我“听话”，也绝不以是否听我的话为判断孩子和学生“乖”“好”的标准。实际上，培养女儿和学生的批判性思维，不盲从盲信任何人才是我刻意做的事。当我的女儿、学生提出不同意见时，我感到的是由衷的欣喜。这表明他们在思考，有自己的想法，想法对错倒在其次。

简言之，针对孩子的问题，我从不给她唯一选项，而是先倾听她的想法，再提出自己的想法，然后一起讨论利弊、代价、实现条件等，最后得出一个大家都认为最合理可行的方案。我从不想要孩子听我的话，很谨慎地避免孩子对我迷信。为此，我也会用孩子听得懂的语言把我的无奈、我的可笑、我的失败、我的愚蠢告诉孩子。我不要在孩子面前做出总是正确的样子，我害怕孩子对我不加批判地相信，那会误导孩子，养成惰性，约束成长，那也是我的失败。

正是基于对自己有限性的认识，我对不同认知持开放接纳的态度，不固执己见。同时，不断接触、学习不同认知成为我人生的使命。

面对提问，我微笑着，用有些夸张的语气对女儿说："那妈妈要好好学习！"

这回答显然出乎女儿的意料，她睁大眼睛疑惑地问："为什么呢？"

我说："你看，如果说你现在听我的话，那一定是觉得我理解你，觉得我说的话有道理。如果有一天你要叛逆我，那一定说明你觉得我不理解你了，我说的话没有道理，不具备参考价值，所以你才不要听，才要'叛逆'我啊。那说明你成长了，我该高兴才对！为了跟得上你的成长步伐，为了让你觉得我是一个可以倾诉的对象，是一个可以理解你，能够同你一起讨论问题的人，我就要好好学习呀！"

女儿不好意思起来："妈妈，你咋这么说呢？"

我认真地告诉女儿："我不是开玩笑。我是认真的。"

是的，我是认真的。

女儿的问题对我是一个警醒。为了避免发生她说的“叛逆”，我唯有不断学习，扩展自己的知识和视野，争取跟上她成长的脚步，并以平等、尊重的态度同她分享观点和想法，而非命令、强加——这很可能无效乃至产生反效果。进而言之，我真正担心的并不是她的“叛逆”导致我“权威”的丧失，而是担心自己因为知识过时、见识落伍，将不能在女儿的成长中做她的伙伴，没有能力理解她和陪伴她。

如今，女儿就快大学毕业了，我们更像是平等的、互相尊重的朋友，几乎无所不谈。话题、想法、感受皆可放言，了无禁忌，不用担心批评、指责、纠正；纵然关山远隔，我们仍然保持着几乎无缝的交流，对于彼此，我们是愿意互相倾诉和咨询的主要关系人。

父亲 Dicky

——莱奇沃斯花园城访亲小记

一

Dicky是夫家堂弟，在伦敦工作的他把家安在世界上第一座花园城市——莱奇沃斯。伦敦和莱奇沃斯之间有火车往返，车程半小时。

这次和夫君到访伦敦，早就约好要去Dicky家，不料他的小女儿艾米莉感染了新冠，全家需要集体隔离10天，不能接待客人。好在孩子打过一剂辉瑞疫苗，症状轻微，不药而愈，也没有染及家人。

周三这天趁着伦敦频雨乍晴，我们沐浴着明丽的阳光上门拜访。

花园城市名不虚传，蓝天白云，草青树翠，空气清新、透亮，感觉和平、宁静，好似天堂一隅。

二

Dicky是整个家族特别有趣，也特别有公益心的一位，60岁的人了，笑起来还有一份羞涩、纯真。我们和他也最有共同志趣。本来他在银行业从业，后来创办了自己的咨询公司，以此获得了更多的自由。这几年孩子大了，经济上没有压力，他索性早早开始半退休生活，经过此次疫情，他更觉得生命可贵，正准备卖掉公司，当个彻底的自由人，做自己想做的事情。

我们对生命的理解和人生的规划颇为相似，有知交之感。

Dicky喜欢做的事情很大程度上与他因唐氏综合征去世的第二个儿子Tom有关。20年前，7岁的Tom去世，之后Dicky加入了唐氏综合征协会，每年在世界各地自费进行拉练式摩托车骑行，以此让世人认识唐氏综合征，并为协会募捐。这次见到我，他特别提到，2019年他骑行十多个国家，途经欧洲、中东到了中国。他对在中国的见闻感慨不已。

我和夫君是他的忠实支持者，不仅关注他的活动，也为他的每一次骑行活动捐款。

三

几年前，他开始创作以Tom为名的系列童话故事。第一本书名是《You Can Do It》。他希望这套童书可以在中国出版，我还把《You Can Do It》翻译成了中文。书中的Tom对未知和远方抱有好奇心，最后做好准备工作，告别家人，踏上了到中国西藏的旅程。他克服艰难险阻，攀上了喜马拉雅山，还跨越文化、语言障碍，和一路上遇到的牦牛、熊都交上了朋友。

可以说这本书反映了Dicky的世界观。他心目中的世界和不同地域、文化的人是真诚、友善、互助的，而他对儿子的希望，是好奇、勇敢、探索、友好、开放、学习、包容……其实，这些都是Dicky自己拥有的品质。

第二本写Tom去北极探险的故事。另外两本将陆续出版。

四

孩子小小年纪去世，搁哪个父母身上，都是永远的遗憾和悲痛。如何安放这份遗憾和悲痛？从结果上来看，态度和行为选择有消极与积极之分。Dicky的做法是积极促进导致儿子夭折的疾病的研究、治疗，通过创作以及更多其他慈善、公益行动，以建设、利他的方式纪念孩子，客观上让人们认识他的孩子，让他的孩子被记住、被谈论，让他以这样的方式活着，不被遗忘，最终超越他早逝、不幸的人生叙事。

我特别推崇这种有价值、有意义的纪念方式，同时，也想起凯瑟琳·曼尼克斯医生在《好好告别》中谈到，她的一对医生朋友在女儿去世后，以女儿的名义创办了一个基金会，促进导致她去世的那种罕见疾病的关注、研究，帮助那些患有同样疾病的儿童和他们的家庭。

这是一种具有超越性的纪念方法。我感动于Dicky和这对夫妇的大爱。

五

近两年，Dicky的自由时间增多，于是又增加和深化了他的公益活动。

他加入了一个临终关怀慈善组织，每周拿出一天时间陪伴临终老人、儿童。他近期在陪伴一对临终阶段的老年夫妻，除了陪他们聊天，还负责带他们参加各种社交活动，陪他们上医院。

老人有儿女吗？他说有的，但老人需要的陪伴很多，儿女有自己的事，忙不过来，还需要社会的援助。

问起他周围的同辈朋友如何度过退休生活，他说很多都像他一样参与慈善、公益事业。这是一种很好的做法，利人利己，也有利于营造一个良善、有爱、互助的社会。

作为经历过丧子之痛的父亲，他对有相同遭遇的父亲深怀同情。当地已经有援助丧子家庭的慈善组织，但他觉得对丧子父亲不够，于是他创办了一个关心、精神援助丧子父亲的公益机构。这些父亲每月聚会一次，他负责组织活动，同时，邀请一位做丧亲痛苦管理的咨询师参加，为大家服务。他说仅仅是聚在一起交谈，每个人的孤独和痛苦就改善了许多。

正常情况下，当可以倾诉，有人理解的时候，痛苦、孤独就减轻了。Dicky的工作善莫大焉！

临终关怀、丧亲痛苦管理也是我的研究和工作范围，我也在相应的公益机构做志愿者，所以我们可以聊的内容很多。他展示给我看机构的工作内容，我收获颇丰，他答应分享给我更多的信息。

六

Dicky具有不竭的探索精神，不断突破角色边界。他这几年还在十多部电影中充当群众演员，虽然只有一个镜头，也没有台词，他仍然乐此不疲。说不定哪一天他就成了主演呢！我相信他一定会演得很好、很真。

眼下他还在进行帆船驾驶训练，准备过两年独自驾驶帆船环游世界。这个想法有些“疯狂”，太太和在座的年轻人一致反对。他笑，不生气，不反驳，我想最后他会听从自己的内心，遵从自己的决定。

七

Dicky的太太伊芙琳是一位天主教徒。她还没到退休年龄，但也准备提前退休，不过会等到了退休年龄才领退休金。为了过好退休生活，她发展了一项创意兴趣：制作玻璃制品赠送亲友。

作为子女，在哪里都有照顾老年父母的问题。英国老人大多数住养老院。伊芙琳的91岁高龄、伴侣先逝的母亲亦然，但子女仍然要承担起很多具体事务。她感叹老人家年轻时是大美女，美貌、气质不输当时当红的电影明星，如今却头脑糊涂，有认知障碍，交谈很困难。

正如《最好的告别》的作者阿图所说，当代医疗帮助人们长寿，但是，不负责解决伴随老年而来的身体、精神疾患。曼尼克斯医生也说，医学帮人延长的是老年、衰退，但不是青春、活力。活得更久不一定活得更快乐、更幸福。长寿是把双刃剑呢。

八

除了Dicky和伊芙琳，他们的大儿子杰米和妹妹的二儿子尤恩也在。两个年轻人充满了青春活力，阳光、帅气，自信、礼貌，谈吐得体。我觉得他们代表着英国优秀年青一代的精神风貌。

杰米准备攻读博士学位，他还不确定自己的人生道路，正在变化、探索之中，他大大方方道来，并无羞涩、焦虑，在场的长辈也没有一个人主动提什么建议、指导，连评论都没有，我先生只是问他，有没有指导老师给建议。他说有。

尤恩在一所高中当A level课程老师。他人生方向明确，踌躇满志，既教学，又做研究，同时，他还准备拿一个教育方面的硕士学位。

两个年轻人全程参与谈话。我们和他们都有极好的交谈，话题从人生道路、教育、师生关系、家庭作业、中英美教育对比，到疫情、脱欧，以至更广泛的国际关系。

九

从丽日当头到日影西斜，六七个小时的时间，大家谈兴不衰。最后，Dicky对两个年轻人说，世界的问题该你们去想办法解决了。

听起来与中国的长辈如出一辙！

是啊，世界是属于年轻人的。金戈铁马，风雨兼程，我们这辈人已经经历过、奋斗过了，就像《如何让孩子成年又成人》的作者朱莉·利斯科特-海姆斯所说，该急流勇退，把管理世界的责任交给年轻人。

作为父母辈，我们可以在身体上照顾好自己，在精神上安顿好自己，不挡年轻人的道，不碍年轻人的事，同时，积极理解、支持他们。

伊芙琳说她是个乐观主义者，她心里对年轻人和未来充满信心！

十

无论何种文化、社会的人，关心的根本问题相同，不过，思考和处理的方式会有差异，交谈促进了解，大家都可以从安全、诚挚的分享中获得滋养、丰富自己。

祝愿疫情尽快结束，恢复正常的交通、交流。

祝愿世界更加多一些信任、理解、互助，少一些怀疑、分别、防御。

事业与母职兼顾，为何必要及何以可能？

一

当代父母以大致相同的方式培养女孩和男孩，女孩子与男孩子一样从小经历压力十足的学习，同等考试、同等条件获取学历学位，大多数女孩的父母希望女儿像男孩一样在大学、研究生毕业后进入职场，找份好工作。

以婚育为界，之前，男、女的人生道路没有多少差别；之后，家庭、社会对男女的角色期待发生了分化，很多女性这才骇然发现性别差异如此真切，原来自己和一路走来的男性同学、同事不一样，生育这件事根本地改变了她们的角色，她们需要围绕母职重新规划自己的人生，重新设定自己的身份。

时间的车轮轰隆前进，科学技术日新月异。时至今日，在我们的社会里，性别分工没有明显的变化，性别平等还有回潮的势头，各方面意识都颇现代的女性依然没有摆脱性别身份的束缚，而她们自以为观念现代的丈夫对性别平等的认识未必比他们的父辈、祖父辈更先进。

大多数女性仍然主要以女人、妻子、母亲的方式存在，继续被视为孩子的主要养育者，自身也接受了这种定位。我们的文化惯于讴歌女人的母性，有意无意忽视她们的主体性和自我的充分成长，有论者指出这是男权文化对女性的捧杀。客观上，确实是。

孩子的到来对父亲的人生、事业的影响几乎可以忽略不计，对母亲的改变却是根本性的，从此，她们的主要身份和存在方式变成了孩子的母亲——很多人的称谓都变成了“某妈”。

在成为母亲之前，很多女性可能难以想象自己为孩子几乎可以放弃自我，从此，身心大部分被孩子占据。有生物性的原因，更多还是受到社会、文化观念的影响，以及育儿任务的现实迫切需要。

我们的文化也喜欢歌颂母亲的奉献精神，把女性为孩子放弃自我视为崇高。另一种观念认为每个生命都是独一无二的，每个人最大的使命就是发展自我，发挥潜力，成为自己。为了孩子牺牲自己，上负父母辛苦养育，下对孩子并无好处。正如心理学家卡尔·荣格所说，对子女心理负面影响最大的，莫过于父母死气沉沉的人生。当然，牺牲自己也没有尽到个体的社会责任和生命的使命。

无论母性多么强大，无论文化赋予母亲怎样崇高的礼赞，受过良好教育、经过职场历练的女性仍然有对事业、理想、主体性和自我实现的追求。甚至随着孩子的长大，这种追求会变得更加强烈，仅仅作为母亲并不能满足女性的自我需求，甚至不能赢得孩子的足够尊重——母亲并不是一种可以独立存在的身份。

对于很多家庭，妻子的收入也是刚需，怨恨妻子对家庭贡献少、自己压力大的男性所在多有。何况，当代人的婚姻如大海行船，没人敢说自己的感情一帆风顺。如果家庭在风雨飘摇中倾覆，作为单身母亲的女性势必得为自己和孩子谋求生存，这时候，事业就成为女性的必须。

女性的聪明才智是对国家、社会乃至人类的巨大贡献，而在组织机构中，她们的存在改变了职场图景，贡献了独特的思维和解决问题的方式。

事业和母职的冲突，个人发展和家庭责任的矛盾不可避免，如何取舍？

二

近期热播的电影《找到你》把女性事业、母职顾此失彼的困境突出地摆在了人们的眼前，暗示女性事业、家庭不能两全。事业发达的女性失去了婚姻，无暇陪伴孩子，虽然为孩子提供了优渥的生活条件，但孩子并不快乐，与母亲也不亲密，由此引发出对女性追求事业意义的质疑。

与此同时，媒体也会报道一些事业发达的女性为生育、养育而搁置事业，做全职母亲，三年五载，七年八载，待孩子上了幼儿园、小学，自己想重回职场时，才发现情况已经面目全非，从中断的地方接续过去的事业几乎不可能。如果重新开始，年龄已成劣势，知识、技能、思维方式都已过时，于是很多在生育后做了类似安排的女性发出了悲鸣，难道这辈子就只能以孩子母亲的身份存在吗？从前艰苦卓绝的努力所为者何？

为了事业打拼、忽视家庭固然得不偿失；因为陪伴孩子、搁置事业，前景更是不可预测。

左边是崖，右边是坎，哪一边都让人望而生畏。

一个不争的事实是，对有事业、经济独立的女性来说，婚姻触礁时，伤害相对可以承受，而对全职母亲来说，婚姻解体就更是难以承受之痛。全世界概莫能外。

事业、母职，二者不可偏废，关键是合理安排和平衡。

三

20世纪60年代后期出生的我成长在“妇女能顶半边天”、主流话语大力塑造“铁姑娘”的社会文化语境下，我的母亲几乎是个自觉的女权主义者，极其强调女性的自尊、自强、独立、自主、平等、责任。

母亲致力于把我培养成一个人，而不是一个女人。在她的观念中，女人做了母亲，仍然是独立的个体，这个个体越强大，越有能力做好母亲。

我做了母亲以后，继续追求学业、为事业奔忙时，她主动承担了照顾我女儿的责任。她是最忘我最痴情的外婆。

我的父亲和我女儿的父亲，像他们同时代的很多男性一样，是典型的不管部长、打酱油先生，不妨说，我们母女都经历了今天流行话语所说的“丧偶式育儿”。

作为有明确性别平等意识的职业女性，我本来会面对的家庭分工矛盾因为我父母的帮助而消弭了，我的事业没有受到母职的拖累，孩子也成长得非常好。这是我的幸运，我父母也乐在其中，我视之为我们三代人共同努力的成果。

在20世纪六七十年代养育子女的时候，我的母亲和她的同辈女性承担了社会主义女权主义宣传的性别平等带来的责任，利益则主要是象征性的，同辈男性则是实实在在的受益者。

在我养育女儿的90年代、00年代，大多数女性仍然采取了事业、养育兼顾的方式，不过，这个时期社会主义女权主义思潮逐渐淡出，很多男性公开表示反感女权主义的性别平等思想，“铁姑娘”不符合男性审美，女性则开始反思女权运动之于她们的实际价值。

随着20世纪80年代以后社会主义女权主义话语淡去，传统性别分工观念逐渐回潮，“男主外、女主内”重回主流话语，性别平等不太被提起。与此同时，从小得到千恩万宠、受过良好教育的千禧一代母亲选择在生育后弱化事业追求，把重心放在养育责任上，或者干脆中断事业，担任全职母亲。

全职母亲代表一种新的养育时尚，其背后的理念，与20世纪80年代兴起于欧美的“父母决定论”“强化养育”等观念一脉相承，把父母——主要是母亲，投入养育的时间与子女的成功相联系。

养育观念的变化给新时代的母亲很大的压力，弱化、放弃事业被说成爱孩子、为孩子负责，全职母亲作为社会、经济地位优越人群的选择成为时尚，职业母亲倒有可能受到论断，被指为了事业“牺牲”孩子，她们自身也担心陪伴孩子不够，害怕孩子会输给全职母亲的孩子，不免焦虑、内疚。

四

更好地培养孩子成功是千禧一代母亲淡化或者放弃事业的主要理由，那么，全职母亲果然比职业母亲更有利于培养孩子成功吗？职业母亲因为不能全天候陪伴孩子，担心孩子的成长因此会受到负面影响，需要为此焦虑、内疚吗？

这是一个影响到世界范围内众多女性人生决策的重大理论问题，欧美学者已经做了大量的相关研究。

英国女性社会学家、剑桥大学研究员吉尔·阿姆斯特朗在实证研究的基础上，广泛征引欧美学者的研究成果，撰写了《虎妈的女儿：职业女性如何影响女儿的职业抱负》一书（本书中文版已由中国社会科学出版社出版），报告了与一般设想完全相反的结论：

职业母亲更有可能养育出成功的子女，相比全职母亲，她们更可能充当孩子的人生楷模，行不言之教；无论是在财务上，还是在思想观念、人脉、网络、事业规划和发展上，都可以给子女提供更多更有力的支持和指导；她们的子女更有可能找到工作和居于监督、指导性职位，收入更高，发展前景更好，发生抑郁类精神障碍的概率更低。

吉尔对职业母亲成年女儿的访谈后发现，女儿们认为母亲在职对她们的成长没有负面影响，除了生病等个别时候，她们不记得小时候有过希望母亲在家、不要上班的想法，并且为有一个享受工作、事业成功的母亲感到骄傲，也从多方面受益于母亲兼顾职业的人生安排；有些女儿还认为恰恰由于母亲上班、没有那么多时间过度监管她们，她们比全职母亲的孩子有更多的自由成长空间，与母亲之间的理解更多、沟通更好、发生摩擦的机会更少，她们也更有条件形成独立生活能力以及至关重要的自我效能感。

前斯坦福新生教务长、《如何让孩子成年又成人》的作者朱莉·利斯科特—海姆斯，针对美国千禧一代年轻人成长状况的研究得出了与吉尔一致的结论。

为什么全职母亲的孩子成功的概率低、出现精神障碍的概率高？原因在于她们更容易成为“直升机式”妈妈，把自身的理想、身份与孩子的成败联系在一起，无形中给孩子很大的压力，无论她们的养育风格是倾向于放任—放纵，还是专制粗暴，都不利于孩子的成长。而职业母亲的孩子之所以有更高的成功概率和更好的精神风貌，乃是因为她们更有条件提供最有利于孩子成长的权威型养育。

五

当然，如果职业母亲像电影《找到你》中的律师妈妈一心扑在事业上，忽视或者放任—放纵孩子，那也不利于亲子关系的建立和孩子的成长。吉尔研究发现，为避免母亲在职对孩子成长的负面影响，职业母亲需要做到以下五点：

第一，出席父母（尤其是母亲）需要到场的活动——母亲不必天天接送孩子，不必参与孩子的所有活动，但是切忌缺席所有家长都会出席的活动。

第二，职业母亲需要让孩子知晓母亲的日常安排，在孩子需要母亲时，随时能联系得上。

第三，和孩子一起在家的时候，母亲在感情上需要投入、专注，切忌心不在焉。

第四，确保孩子放学后可以直接回家。妈妈不必在家等候孩子放学，但是家里一定要有成年人在，无论是父亲、祖父母、保姆，或者其他成人。

第五，教孩子学会自立，比方说，教孩子做家务、处理人际纠纷，为将来离开家庭、进入社会做好准备。

六

从任何角度来讲，女性都有必要兼顾事业、母职，关键是做好二者的平衡。

女性自身可以改变观念，不为传统性别分工观念影响，把自身的事业发展与孩子成长一体看待，保持自我和主体性；了解吉尔等学者谈到的职业母亲的养育优势，坚定兼顾事业、追求自我的决心；作为职业母亲，为孩子尽到吉尔归纳的五个方面的职责；职业母亲宜采取吉尔所说的“务实”的态度，而不是“理想主义”的态度（这是导致职业母亲焦虑、抑郁的罪魁祸首），允许自己做“够好的”母亲，而不必做“完美的”母亲。

职业女性一定要发动丈夫积极参与养育工作和家庭事务。分工平等有关公平、善意，并非枝节。大量的研究发现，丈夫参与养育工作和家庭事务对夫妻关系及孩子的成长都有重要的积极影响，有助于妻子的良好情绪和夫妻更亲密的关系。

父母、公婆是安全、可靠的育儿伙伴，也可以成为最好的育儿搭档。当然，他们是否愿意帮忙，是他们的自由。我自己极大地受益于父母在育儿过程中给我的全力支持，在我的女儿成为母亲时，如果她需要，我一定会全力以赴。祖父母协助育儿是值得继承的优良传统，其所具有的弊端和负面影响，可以通过开诚布公的交流解决。

如果没有父母、公婆可以依傍，可以考虑其他安全、可靠的育儿合作伙伴。如果是请专职保姆，需要与之建立平等、友好的关系，做好交流和协商，达成共识。

在我国，女性兼顾事业、母职的困难很大程度上被当作家庭事务，甚至根本就是女性个人的问题，考虑到她们参与就业对社会、组织机构的贡献，这对女性并不公平。而她们弱化事业，甚至退出职场造成的可以量化的社会损失是巨大的，所以，有高瞻远瞩的政治家指出，20世纪人类最伟大的举措之一，就是解放了占人类一半以上的生产力，让女性进入劳动力市场。21世纪的人有责任继续推动性别平等。

现代职场本来是由男人为男人设计的，不利于包容女性职员的观念、壁垒很多，女人没有办法凭个人力量妥善应对。帮助女性兼顾事业与母职，欧美国家组织机构的一些有效措施值得借鉴，如给男女同等升职和加薪的机会、夫妻双方弹性工作时间、一定数量的在家工作时间、在工作场所设置育婴室、托儿所等。

我们的社会文化、大众传媒需要大力倡导性别分工平等、男性参与养育的新时尚，建构持家、育儿的新男性特质，以对育儿采取甩手式、打酱油式态度为耻，纠正“丧偶式育儿”现象。

女权主义在欧美薪火相传，呼吁公共政策和职场制度以平等的道德人格为基础，给女性以平等的对待，同时，也不乏像脸书首席运营官、《向前一步》的作者谢丽尔·桑德伯格那样的社会贤达，大声呼吁男女平等、鼓励职场创造包容女性履行母亲职责的工作环境。

希望我们的社会纠正对女权主义的误解，祝愿我国也有更多有影响力的人士像桑德伯格那样高声倡导男女平等，为女性职员受到公平对待做出努力。如此，善莫大焉。

我们的公共政策也有很大的促进性别平等，解除女性就业后顾之忧的空间，像实行男性带薪育儿假，提供普及、优质、方便、支付得起的育婴育幼服务，等等。

原生家庭伤害及其克服

“父母皆祸害？”逃离撕扯之外……

在我的咨询工作中，有一类求助者为与父母的关系而来。他们已经成年，有的已经有了自己的家庭。他们自觉从小受到父母的压迫，旧伤未愈，如今父母还在继续折磨自己，不胜其烦，为此焦虑、抑郁的都有。

豆瓣上曾经有一个成立10年、人数过10万的群组“父★母★皆★祸★害”。小组成员在这里诉说父母的种种行为给自己带来的伤害，本文标题借用该群组名称，特指父母在子女成年后，仍然深入介入子女生活，试图指挥、干预，从而引发亲子冲突，给子女带来困扰和痛苦的情形。非指父母本身是祸害。

可以想象，亲子冲突自然也会给父母带来痛苦，但本文针对的对象是成年子女，讨论他们可以如何主动采取行动，改善与父母的关系，消除情绪障碍。

一、改变父母或改变自己

以子女成年为界，我把亲子关系分为不同的两个阶段，并以这个视角认识亲子冲突。

亲子关系中，子女未成年的阶段，父母拥有更大的权力，这个时期的亲子冲突，根源主要是父母对子女权利、人格的侵犯。父母是亲子矛盾的主要责任人，子女是脆弱、无助的一方，他们的行动更多是对父母侵犯、逼迫的防卫、反抗。这时，咨询工作的着眼点在于父母认识和行为方式的改变。欢迎参阅我的公众号“彭小华爱闻思修”中的相关文章，如《改善我们的亲子沟通模式》《你的专制粗暴，孩子报以揭竿而起》等。

子女成年以后，很多父母并没有同步更新与子女相处的方式，仍然习惯于投射，对子女指手画脚，除非父母自己有觉知，否则改变他们很困难。发泄情绪、指责父母，哪怕对父母方面问题的根源条分缕析，对于解决子女困扰的问题，帮助都很小，效率不高。改变父母，很多人尝试很久了，常常碰得头破血流，发现此路不通，原地打转。

改变父母不如改变自己。关系的一个秘密在于，它具有互动的特性，其中一方的态度改变了，另一方也就改变了。耶稣说，你想别人怎么对你，你就怎么对别人。就是道出了关系具有互动性的真味。爱出者爱返，咄咄逼人几乎一定引起对抗。

二、可恨还是可怜

面对父母的侵扰，有的子女选择断绝与父母的联系；不少人威胁父母不跟他们联系，或者心里屡屡生起远离父母的念头，然而真正付诸行动的人是少数；更多的人在心理上断绝了与父母的联系，或者不时与父母撕扯。无论哪一种关系状态，都是令人遗憾的事情，也都是可以改善的。改善，存乎心念，在于方法。子女觉得父母导致了他们的痛苦，因此觉得父母可恨。

首先，正如心理治疗大师、REBT（理性情绪行为疗法）创始人埃利斯·阿尔伯特所说，导致不健康、自我毁灭情绪的不是事情本身，而是我们对事情的解释。对于父母的言行，如何反应，主要取决于我们自己。我们对于自己的情绪有主动权、所有权。另一方面，我们觉得父母可恨——因此，才有逃离、撕扯等反击、报复行为。

换一个视角来看，父母其实挺可怜。他们没有那么强大——尤其是在情感上。子女离得开他们，他们却离不开子女，离开子女，他们会更痛苦。他们那些越界、苛刻、消极的言行都是病态心理的表现。人的身体会生病。如果父母摔断了腿，得了癌症，子女的反应大概都是心疼，为父母寻医问药吧？殊不知，人的心理也会生病，乖张、悖谬的言行其实是心理疾病的表征。有的父母病得不轻，不妨说是心理意义上断了腿，或者得了癌症的病人，根本原因在于内心的不安全感、焦虑、恐惧、孤独，等等。实际上，很多父母的心理成熟度与年龄远不成正比，他们成长的家庭环境、社会环境给了他们很多的磨难，工作环境、亲密关系、养育子女也给了他们很大的挑战，一路走来，跌跌撞撞，大多数人都顾及不到心理健康，很多人甚至连自身的童年创伤都还没有处理好。

如果子女可以超脱一点儿，站高一步，看到父母人生的不易，看到他们强硬背后的脆弱，骄傲底层的自卑，咄咄逼人背后的不安全感、焦虑感，或许就不会感到那么愤怒？如果子女认识到自己在与父母关系中的优势地位，在意识上走出未成年时期形成的防卫、反抗的反应机制，那么，父母的消极言论就没有那么大的杀伤力。其实，成年子女真的是“翅膀硬了”，从事业、婚恋、生活方式、子女养育等方面，父母对他们都没有实际控制力，也就是碎碎念而已。子女不接受，他们也无可奈何，该出钱出钱，该出力出力。

子女和父母冲突的焦点，更多的是话语权问题，其实都想改变对方的主观感受和判断——主观感受、判断，不必也难以互相强加，何妨各自保留？子女之所以对父母的言行感到愤怒，大概也因为没有意识到父母言行背后根本的爱、关心等主观动机，或者无意识中对父母的动机做了恶意推测。稍微想一想，子女大约不会否认父母根本上是爱自己、关心自己的吧？不然何苦付出那么多？少有儿女会否认，父母的言行主观上是为了儿女好，不是为了制造矛盾，讨儿女不快吧？

人到中年或老年，很多父母把儿女视为最主要的情感依赖对象，需要儿女的爱、认同，却可能意识不到，或者根本上是不知道如何恰当地表达，他们用表达关心的方式告诉儿女，他们需要儿女的关注、承认——所谓找存在感。很多父母表达爱和关心的技术的确蹩脚，想到父母那些伤人的言行只是不善于表达自己的担忧或恐惧而已，也许儿女就不会感到那么受伤。

不难看到，儿女心目中往往是有理想父母的——就如很多父母心目中有理想儿女一样。诗歌、散文、歌曲中的父母多么慈爱，别人家的父母多么通情达理，眼前的这个父母不符合期待，有时候还张牙舞爪，面目可憎，好烦！如果可以如是接纳自己有缺陷的真实的父母，应该有助于情绪的平复。

如果子女认同以上分析，怒火退却，怨恨消除，代之以爱、同情，或许就可以对父母有更多的耐心，好好地回应父母表现为指责的焦虑，好言好语跟妈妈解释自己的想法和决定。对父母的爱和关心表示理解，同时，明确表示自己已经长大了，知道自己在做什么。理解并不意味着认同、屈从。如果感到父母言行的越界、侵扰，解释不通，大可以直接但友好甚至以开玩笑的方式回应，比方说，“好，谢谢关心，我知道了”“对不起，我现在心情不好，不说了，好吗？”“好的，这件事情已经过去了，我们不讨论了，行吗？”“谢谢，我们换个话题好不好……你看，你老揪着这个事情说，好啰唆呀，像个老太婆”……

也可以巧妙地把话题转移到父母感兴趣的事情上，多给他们机会谈他们关心和骄傲的事情，多给他们鼓掌、点赞。鼓励为子女操劳多年的父母多关心自己，享受生活，多交朋友，如果父母丧偶、离异，鼓励他们谈一场恋爱。多联系、勤通报，让父母更多更详细地了解自己的情况、想法、逻辑——亲子相处中的透明度有助于消除父母的担忧、焦虑。

三、“反哺”助力父母成长

前述认识框架和沟通方法，已经成功帮到多位与父母冲突的成年子女，不过，每对子女—父母发生冲突的具体原因有所差异，需要根据具体情况增加解决方法。比方说，有位女士与妈妈有多重冲突，其中一个特殊原因有关她妈妈与她的合作伙伴的关系。妈妈已经赶走了几位合作伙伴，她好不容易又找到一位合作伙伴。这位合作伙伴对她的事业很重要，可人家才来几天，妈妈就开始看不惯，进而指桑骂槐了。她什么道理都讲了，火也发过了，争吵的结果只是增加了妈妈对合作伙伴的怨恨。除了用前述认识框架和解决办法积极帮助妈妈，同时，针对这个具体问题，我还建议她在妈妈赶走合作伙伴之前，主动同合作伙伴沟通，让对方知道妈妈的病态心理、个性及言行方式，如实说明妈妈没有文化、成长环境恶劣、对人缺少信任、防范心重、进攻性强等特点，希望对方给予妈妈同情和理解，不和妈妈正面冲突，把同妈妈的沟通交给自己，等等。

除了同情和如是接纳父母，和父母保持良好的关系，成年子女还可以做得更多，积极地在精神上反哺父母，带领父母一起成长。比方说，鼓励父母发展兴趣爱好；鼓励父母多交朋友，如果父母愿意，不妨邀请他们参加自己的社交活动；如果父母心理状态确实低下，太过偏狭和具有攻击性，可以带父母做心理咨询。这样，不仅可以帮助父母实现当下更多的安宁、喜悦，长远而言，当他们面对衰老、死亡时，也有助于他们找到灵魂的归依，克服恐惧。

父母子女一场，实在是万千机缘巧合的结果，碰到心理成熟、情绪稳定的父母，那是偶然，更多的父母都是心理意义上没有充分长大的人。在物质赡养问题变得没那么重要的今天，成年子女的价值，更是帮助父母心理的成长，结果才会皆大欢喜。

和父母关系不好，无论如何会影响到子女的情绪。家和万事兴，而且，家和了，家风好了，看到父母如何陪伴祖父母，下一代也有好的榜样可学，今天的子女更有理由和信心期待自己未来会得到孩子良好的陪伴。

我的母亲今年90岁，父亲89岁。我的上述思考很多也来自多年陪伴他们的感受。我还在继续实践中。

父母子女之间，爱也要拘礼

近日，读到著名学者刘瑜女士《我在父母的爱中死里逃生》一文，非常感慨。她写出了父母那种充满了否定、操控的“爱”对子女的压抑和心理上的窒息。有类似感受的子女不在少数，值得为人父母者警惕。

刘瑜写道，如果“不小心”自作主张买了一件衣服，妈妈会说难看、土，让她不要穿、送人……直到最后她“服”了，把衣服搁到衣柜的角落里。着装本来是属于审美范畴的事，审美是主观的，所谓萝卜青菜各有所爱。很多父母没有这样的意识。我们觉得不好看，那就是不好看，孩子——哪怕已经成年——就不能穿，否则就会像刘妈妈那样各种贬损、打击。

有位女士和她的服装设计师女儿衣品差异很大。她端庄、高雅，女儿随意、嬉皮。在她看来，女儿穿得像个“街妹”，从审美趣味上升到道德论断，引起剧烈的纷争。

很多父母也会干预孩子的发型、妆容、佩戴的饰物，臧否孩子喜欢的音乐、电影、书籍、游戏……贬低甚至侮辱他们不喜欢的风格，严重伤害子女的自尊。饮食、起居、冷热之类纯属个人感受范围的事情，也是很多父母干预的范围，以至“有一种冷，叫妈妈觉得你冷”的说法曾经十分流行。思想观念、价值判断也必须统一到父母的认识上来。很多子女和父母一说就“杠”，干脆闭口不言——然后，我们又怪孩子不交流。学业、职业、婚恋之类的人生大事，我们更不会置身事外了，得按我们的想法办理，由此引起各种冲突，甚至悲剧。

Y先生的女儿在大学期间交了位男朋友，两人相约毕业后一起留在南方的G市工作、结婚。Y先生为了让女儿回到C市自己身边，颇费心思。他先讲在C市工作、生活的好处，女儿不为所动。他又以自己身体不好作为砝码，还发动亲友劝说女儿。女儿终于如他所愿留在C市，男朋友却提出了分手，并且很快交上了新的女友。女儿失去了恋人，伤心不已，患上了抑郁症，常常以泪洗面，也很容易发脾气。春节期间，因为父亲的一句话，女儿气得把杯子都摔了。女儿“说不得，问不得”，Y先生发出了“这日子怎么过哟？”的哀叹。

作为父母，我们总觉得自己比孩子阅历丰富，见识深广，可以替孩子下判断、做决定。刘瑜曾经试图捍卫自己的趣味，告诉妈妈“你有你的审美眼光，我有我的审美眼光”。妈妈才不认，“用一种不容商量的口气断言说，‘审美眼光上，你还想跟我比？’”

有位妈妈更是谜之自信。虽然对儿子的专业和业务完全不懂，但不妨碍她对儿子的工作指手画脚，儿子表现出不耐烦，她甩出一句，“告诉你，你妈跟你说的都是真理！”

刘瑜如此描写父母的“爱”对她的影响：就我自己来说，只要一和父母在一起，我就会变成另外一个人——和平日在朋友圈子里那个活泼开朗、机智幽默、爱说爱笑的我截然不同的人……一见到父母，我的心理机制，就像一个遇到强光立刻关闭贝壳的壳类动物一样，自动把自己调试到一种很白痴、很蔫、很封闭的状态。这是一种心理退行——与成长相反。

心理学上把这类父母称为“控制型”人格。就其迫使子女在他们面前退化为“孩子”、不许长大的事实而言，这样的“爱”其实不是爱，而是一种操控，对孩子的自我形成遮蔽、吞噬。当然，父母觉得自己都是为孩子好，是对孩子的爱。很多父母在爱的名义下，堂而皇之地在孩子的世界横冲直撞，全然意识不到，这样的爱给孩子带来巨大的困扰和伤害。当然，操控、伤害孩子很多时候不是父母有意而为，而是缺少觉知。

刘瑜女士总算幸运，得以从这样的爱中“死里逃生”。Y先生的女儿以及更多被父母无微不至“爱”着——其实是操控——的儿女，却在苦苦挣扎，还要不断自我质疑、检讨。我听过很多子女“控诉”父母的否定、控制，也听过不止一位子女诅咒父母：“只有她（他）死了，我这辈子才能翻身。”

是这些子女“不孝”吗？孔子说“父贤子孝，兄友弟恭”。关系都是相互的，而在子女与父母的冲突中，很多时候父母是主动进攻的一方。父母和孩子之间的冲突，常常源于父母对子女自由、权利的争夺。

真正爱孩子，就平等、尊重地对待孩子吧。真正爱孩子，就要区分爱和操控。真爱是无私的，是为着子女成长的。操控则是把子女视为附庸，想让他们跟着自己的节奏起舞，按照自己的意愿行事。这中间常常还涉及撒谎、欺骗——我们美其名曰“善意的谎言”。

有朋友问如何可以避免和孩子的冲突。把孩子看成另外一个主体很难，不妨试着把他们当成房客，或者别人的孩子。这当然是一种比喻的说法。父母和孩子之间冲突的根本原因是父母很难不把子女当成孩子。我们安放不了自己的焦虑，关心、操心，管得太多。如果把孩子视为房客或别人的孩子，就更容易在情感上抽离，这样，很多矛盾自然消解。

就不可以对孩子的事情发表看法吗？

当然不是。但不是为了说服、纠正，更不是软硬兼施逼迫孩子接受——否则就是操控。我们可以分享看法，但把最终决定权交给孩子。把孩子的自由、权利交给孩子，“爱也要拘礼”、有度，是包括我自己在内很多父母的功课。

“家书”影响了一代中国人，今天如何评价傅雷的养育模式？

一、从家书看“虎爸”到慈父的跨越

傅雷是当代著名的翻译家之一，但在中国，他作为父亲的影响力，似乎更超乎他的著名翻译家身份。《傅雷家书》收集了傅雷与夫人1954—1966年之间写给儿子傅聪的信件，以及傅聪给父母的回信。从这些家书中，我们看到一对父母为离家在外的儿子如何牵肠挂肚，万般思念。他们的很多快乐、痛苦都与是否收到儿子的回信，是否得到儿子讯息，以及儿子是否安好、顺利有关。

作为父亲的傅雷除了工作，很多精力和情感都投注在儿子傅聪身上。从音乐到美术、建筑，从人生观价值观到言行规范，从思想、情感到经济以至日常生活琐事，无不谆谆教导，苦口婆心，他扮演着儿子的导师、诤友、忠诚批评者、伙伴、秘书等多重角色。同时，他在情感上极度依赖儿子，说痴情、依恋大约也不为过。

20世纪80年代《傅雷家书》出版之后，作为父亲的傅雷得到了普遍的赞誉，很多人把他视为当代父亲的楷模，他的养育方式有众多的效仿者，他的做法被很多父母奉为圭臬。

近年来，随着养育观念的改变，傅雷的养育方式受到了更多的质疑和批评，他被视为受贬抑的虎爸的典型。一些论者甚至认为他的养育方式给儿子傅聪造成了童年创伤，是导致傅聪后来去国不归的原因之一。傅聪的成功，不是傅雷养育的成功，而是傅聪“叛逃”父亲的结果。

在我看来，傅雷既是如假包换的虎爸，也是当之无愧的慈父；虎爸在前，那是儿子傅聪未成年、自己处于中青年时代的父亲傅雷；慈父在后，这是家书覆盖的年代，是儿子已成年、自己身处中老年期的父亲傅雷。

第一次读《傅雷家书》的时候，我17岁，还是懵懂少年，那时候，我心目中的傅雷是一个感天动地的伟大父亲。年岁渐长，尤其在我作为养育和亲子关系研究者、咨询师的这些年里，一些看法开始改变。如今在他86岁的儿子傅聪去世之后，我重读《傅雷家书》，对傅雷也有了新的认识。

我发现傅雷的养育方式并非一以贯之，以傅聪成年为界，发生了从虎爸到慈父的跨越，他和儿子的关系也发生了从不平等到平等、尊重，从居高临下到对话、商量的嬗变。傅聪未成年时期，傅雷的养育方式无疑是专制、粗暴的，确系典型的“虎”爸。

虎爸是一个形象的说法，脱胎于耶鲁大学华裔教授、《虎妈战歌》作者蔡美儿对所谓中国传统养育方式的称谓，这种养育方式符合斯坦福大学教授，著名发展心理学家戴安娜·鲍姆林德所定义的“专制—粗暴型”养育。虎爸（妈）或者说专制—粗暴型父母是高管控型养育者，给子女设定严格的行为规范和努力目标，不接受讨论、商量，更不接受质疑、挑战，子女表现良好时，虎爸虎妈很少赞美，表现不达标时，往往情绪失控，施以言语惩戒和身体暴力。

二、傅聪的成功是“虎爸教育”之功吗？

傅雷老友楼适夷在《傅雷家书》的序言中谈到傅雷对儿子傅聪管束严苛，傅聪对父亲有着噤若寒蝉般的畏惧，他不能有自己的主张和选择，甚至不敢表达自然的情绪。傅雷自己也在家书中多次为曾经对待儿子的教养方式表达自责、后悔，可见他的确相当专制、粗暴。

专制—粗暴的养育方式可能压抑儿童的天性，泯灭孩子的好奇心和自由、独立精神，是青春期反抗和亲子冲突的导火索，往往给子女留下童年创伤，不利于孩子自尊、自信。有一位心理学者撰文指出，傅聪的童年创伤是在他的第三次婚姻当中才得到治愈的。果真如此，那时候傅聪都已经人到中年甚至老年了吧。如果说童年创伤最终得到了治愈，那么，傅聪也算相当幸运的了，很多人一生都走不出童年创伤的阴影。

主要养育者的父亲傅雷虽然专制、粗暴，但因傅聪在事业上取得了巨大的成功，实现了父亲为他设定的世俗成功目标，难免有人会认为这是他父亲严苛养育方式的成果，甚至把童年创伤视为合理的代价。然而必须看到，即便单以世俗成功论，专制、粗暴的养育方式也不是很多父母可以成功效仿的，如今高发的青少年抑郁、焦虑等心理障碍及青少年自杀，以及频发的青少年杀亲案，背后往往都站着虎爸虎妈。

进而言之，很难说傅聪的成功仅仅是傅雷虎爸式教养的产物，我们不能忽视作为母亲的朱梅馥的作用。朱梅馥性情温和、贤淑，丈夫爱重她，儿子尊敬她，她在专制、粗暴的父亲和压抑、愤懑的儿子之间充当了减压阀和调停人，她常常为儿子求情，代儿子受过，甚至代儿子承受父亲的棍棒、拳脚。傅雷是冷酷、坚硬的，朱梅馥是温和、柔软的，很难想象，如果没有她的慈爱、呵护，没有她在儿子面前塑造丈夫形象，常常为丈夫开脱、积极解读他的用心，傅聪很难长期听从父亲的严令，乃至维持与父亲的关系，甚至承受父亲的压力而不崩溃，就更别说成功了。

如果说傅聪作为儿子被培养成功了，那是傅雷和朱梅馥共同努力的结果，而不是虎爸式养育的功劳——谁能肯定地说，如果傅雷采取了另外的养育方式，傅聪就一定不能成功呢？毕竟，是傅聪对音乐有兴趣、有天赋在先，傅雷是直到傅聪16岁，才同意儿子专业投身钢琴的。

那么，是不是傅雷就对傅聪的成功没有贡献呢？绝非如此。但他对儿子成功的正面效力主要不是来自他的虎爸式养育方法，而在于他自身的道德人品和广博渊深的学识，他的确有能力指导儿子，并且堪为做人的榜样。不可否认，傅雷是有实力有功力的父亲，他给儿子的教导，那绝对是高水平、专业级的，这样的父亲，不说绝无仅有，起码凤毛麟角。

实际上，能够在人品、学识上令子女钦佩的父亲，并不占多数，也因此，如果他们施加虎爸式管教，孩子很难服膺，只有瞧不起、反感和抵触，何况，有朱梅馥那样的伴侣的虎爸也不是很多。

有研究者就指出，虎妈蔡美儿的两个女儿都培养成功了，但那也并非她一个人或者她的虎妈式养育独有的功劳，而在于她有一个朱梅馥式的伴侣。她的以色列裔丈夫是一个温和、开明的父亲，在她的严苛、冷峻之间，给了女儿们一个温柔、宽松的对待，减弱了她给女儿们造成的压力。

三、改变养育模式，从来不会晚

再读《傅雷家书》之后，我认为，傅雷在养育上虽然有种种过失，但仍不失为一个非常了不起的父亲。

不过，这与傅聪的世俗成功关系不大，而在于，他在儿子成年以后，转变了自己的养育方式。他放下身段，几次三番给儿子道歉，几乎是无条件请求儿子的谅解。虽然仍然不免时时处处指导、纠正儿子，但语气是平和的，姿态是平等的，很多时候是商量的，在儿子没有如他所愿多写信时，他也没有指责、抱怨，毋宁用了恳求的语气，陈说自己是如何牵挂、担心，并一再表示，自己说的不一定适合傅聪的需要，而是抱着“说不说在我，听不听在你”的谦卑与豁达，他既热切地分享自己的所思所想所感所见所闻，也渴望了解儿子的一切，希望儿子不要嫌弃自己老迈，恳请儿子带给自己新鲜的见闻、知识，以免自己落伍。这时候的他，已经不再是那个曾经居高临下、说一不二的虎爸，而接近于权威—民主型父亲。

像虎爸虎妈一样，权威–民主型养育者会制定目标，提出要求，表示对孩子能力的信心，不同于虎爸（妈），他们尊重、倾听孩子，允许解释、申辩，“宽严兼备”，容纳孩子的自由、权利，这是最有利于孩子成长和亲子关系的一种养育方式。世界范围内，子女在20岁左右成为法律上具有独立行为和民事能力的公民。但是，养育并不因为子女成年而结束，很多父母都希望在子女成年以后仍然可以指导孩子，但是，自己的知人论世、知识经验对子女仍然有参考价值的不一定很多，父母常常因为视野狭窄、见识落伍遭到子女的嫌弃。

傅雷当然没有这样的问题，也因此，家书时代的他给了傅聪很好的指导，傅聪也越来越感到和表现出父亲一直教导的那些品质及专业素质，实现了他与父亲在音乐艺术认识和感悟上的共鸣，这是父亲最感欣慰和满足的事，也是父子之间真正的和解、融合。无论有着怎样的曲折，傅雷对于傅聪的教养，最终是成功的，这种成功不仅是世俗意义上的，也是亲子交流和关系上的。

很多人会感动于傅雷对于远游儿子的那种牵挂、依恋，视之为对儿子的爱，我个人则既不感动，也不向往。

我想我与傅雷对亲子关系的想象有别。他希望儿子传承他的人生追求，成为他希望儿子成为的人；我从来把女儿视为独立于我的另外一个个体，我把我的任务视为帮助她成为独立、自主、最好的她自己。在她成年之前，我施加有限指导，基本以满足她的成长需求为限，在她成年之后，我基本上不再主动指导，对她的观点、行为发表评论很谨慎，避免干扰她的自由、自主判断或选择。我很少对女儿表达牵挂，警惕以任何形式在情感上绑架她，我为自己的情绪负责，虽然，她确知，任何时候，只要她需要我，我都在。

养育既是技术，也是艺术，完美的父母并不存在，缺陷在所难免。真正优秀的、爱孩子的父母不是不犯错误，而是愿意为孩子改变，愿意为自己的过失道歉。

改变，任何时候都不晚；道歉，任何时候都必要；和解，任何时候都可能。

为了孩子，触礁的婚姻离不离

婚姻触礁了，为了孩子，离，还是不离？

孩子，当然，指未成年的孩子。

这是一个严峻而具有普遍性的社会问题，困惑者众，女性尤多；社会文化常识，心理学界、咨询界，莫衷一是。

一、为了孩子，不离

十几二十几年前，还不太有咨询师，社会的普遍观念是“不离”；流行的心理学理论认为，父母离异不利于儿童的成长，容易导致儿童自卑、孤僻、性格扭曲、反社会……总之，离异家庭出现“问题儿童”的比例高。

社会、文化语境与心理学理论高度吻合，本就担忧的女性不得不按捺屈辱、愤怒与离去的冲动，重新考虑自己的决定。

很多婚姻，“为了孩子”，维系了下来。

这不符合理想婚姻的标准。

不过，有研究说，就是非常好的婚姻，夫妻一辈子也有过几十几百次一拍两散的念头，甚至多少次恨不得掐死对方。

婚姻，除了“爱情”，本来是多方权衡的结果。

现实中，很多人选择留在婚姻中，不一定是因为婚姻多么幸福，“爱情”多么美满，而是，其他的选项对自己更不利。

多数人还是婚姻的现实主义者。

保留下来的家庭中，部分夫妻处理不好自身情绪和彼此关系，小吵天天有，大吵三六九，乃至发生肢体冲突，或者漠然相待，冷言冷语，冷、热战交替上演。

生活在这样的家庭，孩子觉得紧张、窒息，他们质疑父母“为了孩子”不离婚的真诚，甚至认为父母虚伪。

这类家庭属于“不离”家庭中最差的一种类型，并非主流。

二、为了孩子，离

近年来，困惑的人们可以求助于专业人士。

以我平时的阅读所及，和为写本文在百度上搜索所得，现今咨询界、心理学界的主流，意见领袖和社会的先进人群，似乎都积极主张“离”，理由与“不离”主义者针锋相对。

他们说离婚不一定伤害孩子，不离反倒可能给孩子造成更大的困扰。

曾经的“为了孩子”不离，现在明里暗里代之以“为了孩子”要离。

无论是否言明，他们秉持的心理学理论是，“为了孩子”维系的婚姻，由于夫妻时常热战或者冷战，给孩子造成的心理伤害，不亚于父母离异。他们引证曾经受够了父母争吵或者冷战之苦的人。

诚然。

可是，其中的前提条件，在传播的时候，往往被人忽视，结果就简化成了，不离对孩子更坏，离了对孩子更好。

老师们似乎太缺少了解和想象，主流的婚姻是靠“爱情”维系的吗？夫妻关系遭遇挫折，只能热战、冷战吗？努力维持、修复，怎么就是敷衍、虚伪？

何况，大多数夫妻冷静下来后，大致可以安宁地过日子，频繁、激烈争吵和严重冷战的夫妻，占比并不多。因为这小部分不利于孩子成长的婚姻存在，就全盘否定“为了孩子”维持婚姻的努力和价值，未免以偏概全。

一些作者、咨询师甚至直指那些“为了孩子”徘徊犹豫，乃至选择维持婚姻和复婚的女性只是把“为了孩子”作为一个漂亮的借口，来掩盖自己的懦弱与无能。有专家说，你看王菲，你看贾静雯，你看某（女）老总、你看某（女）大学老师……人家离得多平静，人家离了以后过得多么好，而且，人家给孩子足够的爱，孩子根本不受影响——真的吗？

结论先行，依靠举例，并不构成有力的论证。

在一个电视情感栏目现场，一位咨询师甚至如此奚落一位离婚后过得很差，准备复婚的女士：“那样的渣男你还要？”

大多数的当事人能够达到王菲、贾静雯，以及其他多金、事业发达、资源丰富、心理强大的离异女性的水平吗？如果达不到，“离异”的方案适合她们吗？进而言之，她们有条件以“爱情”作为维持婚姻与否的标准吗？

一些作者、咨询师一方面以不离夫妻中最坏的一种情形，说明“离”的必要性；另一方面又以最理想的“离异”结局鼓励犹豫的当事人，甚至苛责离异后后悔、复婚的当事人——这似乎有违咨询师的本分，会不会误导当事人和舆论？

三、“为了孩子”的必要性与真实性

实践中，当事人做离与不离的决策时，孩子几乎都是非常重要的考量依据。这一点，不仅为“不离”主义者所坚持，“离异”主义者也是不否认的。

的确，如果没有孩子，或者孩子大了，两个成年人的离婚决定就简单太多，只需要考虑自己的感受就够了。

孩子极大地强化了夫妻之间的联系，影响着夫妻关系质的改变。

父母对他们决定带到世上的孩子，有无言的承诺和责任。

由于人性的缺陷（事实判断），不是所有人都能够信守对婚姻对子女的承诺，但离异终归不利于孩子的成长，哪怕最完美的离异结局，也不能弥补孩子成长过程中，父母一方缺位的情感损失和遭遇的困境。

人类的祖先最早在两性关系上是很随便的，想爱就爱，不讲承诺，没有责任，不过，这种方式不利于种群的繁衍与后代的养育。人类的婴儿如果没有父母的养育，难以存活，婚姻这种机制，很大程度上是为了繁衍和养育设置的。

社会发展到今天，人类的生长期不断延长，从婴儿出生到能够独立谋生，全世界的平均年限大致是二十年。二十年，是子女需要父母养育的时间，也是家庭这个阶段的核心功能。孩子年龄越小，对父母、家庭的依赖越强，相应地，受父母离异、家庭解体的负面影响越大，抵挡社会舆论、应对复杂家庭亲属关系的能力越弱。

无怪乎离异家庭子女出现心理、性格、反社会情况的比例高。虽然这是一个概率问题，但也很说明问题——怎么确定自己的孩子不是其中之一？

难怪大多数夫妻在权衡离婚与否的决定时，都不同程度地把子女的身心健康作为考虑因素，因为他们知道自己的离异一定会增加孩子的心理负担，健康成长的风险加大。

四、父母离异，对子女意味着什么

“不离”主义者，“离异”主义者从正反两方面都说“为了孩子”。那么，到底为了孩子什么？

从积极的方面来说，“为了孩子”健康成长——常识和心理学理论都证明，父母关系良好、家庭氛围良好有利于儿童生长。

从消极的方面来讲，父母离异对孩子心理健康的负面影响可谓多矣，离异的父母“为了孩子”有诸多的合理担忧。

大体来说，可以分为家庭内部关系变化带来的挑战，以及外部社会文化、人际交往的压力。

从家庭内部来说，父母离异，家庭分崩离析，儿童只能和一位家长（往往是母亲）生活在一起，不同程度地失去和另一位家长相处的机会，丧失另一位家长的关心和照顾。

离异后，“为了孩子”，有些父母可以和平相处、友好合作，有的甚至可以维持朋友、亲人般的往来——这可以省却孩子的许多烦恼。

有的父母走不出过去关系的阴影，不同程度地互相为难、拆台，为孩子的费用、教育之类的事情扯皮、吵架；有的父母互相中伤、诋毁；有的把孩子当作情绪宣泄的垃圾桶；有的把不如意和对对方的怨恨转移到孩子身上；有的会干扰探视……夫妻离异后的这种关系类型，比例不小。这类父母的孩子大约不太会是

“离异”主义的支持者。

有的母亲可以做得很决绝，离婚后独自带着孩子，既不要抚养费，也不要对方探视，甚至给孩子改名换姓，断绝孩子与父亲的联系。对母亲来说，这种方式干脆利落，也省却了与孩子父亲纠缠的麻烦，只是，不知道孩子会不会想念父亲，会不会有所缺憾？即便现在不会，将来会不会？毕竟，断绝与父亲来往，不是孩子成熟、理性的决定。

父母离异后，一方或者双方都再婚，那么，孩子就要面对父／母再婚的配偶，家庭关系复杂化，相处愉快的有，差强人意为主，不好的也不少。有的孩子与继母／继父关系紧张，有的受到嫌弃，遭到冷遇，训斥、打骂、污蔑、构陷、性侵……不好的可能性不一而足，哪个孩子都可能摊上。

各种文化中，继母形象大多不好（继父形象则比较模糊），不完全是无中生有。不是所有的继母天生不好，而是，为未成年人扮演这种角色，太为难，结果往往就是继母委屈，孩子受伤。

如果父／母再婚对象本身有孩子，或者在新的婚姻中又生育新的子女……那么，孩子要面对的关系就更复杂了。

不论是哪一种情形，孩子都会不同程度地缺失父爱（或者母爱，虽然可能性小许多），至于这种缺失对孩子有怎样的影响，孩子内心缺失感的强烈程度，因人而异。

社会上，周围人对看待和对待离异家庭孩子的方式，也不同程度地影响着孩子的心理、个性。父母离异的儿童对别人的言辞、看法往往特别敏感，而我们的社会、文化对离异家庭儿童多少还是另眼相看、存有偏见，有形无形的心理伤害，难以避免。

五、离与不离，因人而异

离与不离，是维持、修复关系，还是仓皇出逃，断臂求生，于当事人都是挑战。

对孩子来说，总体而言，父母维持婚姻更有利于他们的健康成长，环境、关系相对简单、友好。

对当事人而言，离与不离并不存在抽象的好坏优劣，而需要根据自身的具体情况进行判断、权衡。

事缓则圆，情绪激动情况下做出的决定，不容易周全。

有条件分居一段时间，最后无论是离，还是不离，考虑可能更全面，心理震荡的程度和伤害可能会小一些。

如果有亲友真正站在自己的立场上思考问题，支持、不评判，又明智、豁达，有阅历，有见识，不妨征求他们的看法；也可以求助专业人士，不过，专业人士的水平差异很大，求助之前最好了解下真实的情况，找有成功求助经验的朋友推荐是比较可靠的途径。

好的咨询师态度积极，善于倾听，不会评判、论断、批评、指责当事人，能够同情理解、接纳当事人的任何想法与情绪；如人饮水，冷暖自知，他明白当事人才是最了解自己的人，也是最明白自己需要的人。咨询师只是协助当事人澄清思路，认识问题、分析问题，制订当事人能够理解和执行的方案。

咨询师不宜提供一刀切的方案，甚至不宜直接提供方案，更不宜说服当事人采纳自己的方案，如果取笑、奚落当事人的决定，那就走得太远了。

经过冷静、理性、周到的思考，如果觉得不离更有利于自己和孩子的幸福安宁，而配偶也愿意配合，那么，就可以着手维持、修复关系。

如果夫妻双方都愿意向前看，愿意自我调整，消除导致婚姻危机的态度、言行，让婚姻变得可以接受，甚至变得更有韧性、更健康，何乐而不为？

有的夫妻虽然不一定准备维持婚姻一辈子，彼此可能不再是亲密爱人，但为了避免孩子面对父母离异后，纷繁而难以预测的内外关系压力，做得到搁置争议，以父母角色为重，等到孩子长大，家庭的养育核心功能完成后，才各奔东西。

如果当事人经过充分思考和理性评估，觉得婚姻无可救药，宁肯面对，也做好了面对离婚后可能出现的困难与挑战的准备，那么，大可以平仓出局，开始新的生活。

离异不是什么世界末日，既有挑战，同时也意味着新的可能性。

这时候，如何离就变得重要。可以离得平静、轻松，甚至友好、谦让，在关系的最后时刻展现善意、尊严、体恤。至少，避免更深的撕裂，把对孩子和对彼此的伤害减小到最低程度，也留一个未来合作的余地。

孩子与『恶』

孩子为何拒绝交流

孩子为什么拒绝交流?

多位朋友为此困惑苦恼。他们的孩子介于十四五岁到二十四五岁，属青春期和成年早期。

父母子女关系的一个主要矛盾是，孩子对父母的信息供给程度与父母对信息的需求程度之间的失衡。失衡有正常与病态之别。

从父母的角度来讲，关于孩子的一切，从思想、情感、价值取向到学业、工作、冷暖、饮食，事无巨细都想知晓；而青春期与成年早期的孩子，并没有满足父母此类需求并接受关心指导的意愿。这是普遍状况，也是成长的正常状态。

这是孩子的高速发展期，有很多事情要做，有多种兴趣爱好须兼顾，还有大量人际关系要处理，客观上也不可能像幼年童年期，把父母作为主要的情感依赖对象和交流对象——果真如此，才应担心。另一方面，孩子的知识、经验及获取知识、解决问题的渠道增加，独立性提高，对父母的依赖程度相应降低。

孩子不愿像从前那样事无巨细都与父母分享，不常听取和采纳父母的建议指导，父母因此失落担心，是父母没有根据孩子的成长与发展调整期待。如果父母强硬坚持，很可能适得其反，引发孩子的反感和躲避；父母若是过于强势，还可能遮蔽孩子的成长。

病态情形则是，孩子明显反感父母，冷漠、疏远，拒绝分享信息，以不耐烦或置若罔闻面对询问；中小学生即使遭遇困难也不同父母沟通学业与人际状况；大学生、研究生与职场青年，拒绝联系，回避沟通，甚至玩失踪。这种状态，亲子关系不和谐，大家都被痛苦困扰。

就我所见，积极思考、希望改变沟通障碍的多是父母。面对躲避自己、抗拒沟通的孩子，父母们不解、委屈、怨愤、失落，陷入焦虑、忧郁。父母觉得，自己恨不得心都掏给孩子，那么爱他们，希望沟通无非是想知道安危、表达关心，提供建议、指导和帮助，孩子为什么就不领情呢?

大多数父母都觉得，无论家庭内外，自己的为人处世、事业成就都不错，甚至相当成功，有理由得到孩子的尊重，有指导、建议的能力与资格。有父母直言：“别人家的孩子不知道多羡慕你有我这样的妈妈/爸爸，可你就是不珍惜！”同时，对待孩子明智豁达，通情达理，言行得当。

在父母方的自我认知中，自己几乎无懈可击，孩子的疏远、回避，原因在于孩子，是孩子不懂事、自私、没有孝心，不能体会父母心意，也有父母联想到社会文化环境。

父母的自我认知与孩子对父母的认知不同程度地不对称。

从孩子的角度来讲，亲子沟通障碍根源在于父母。孩子因为父母的压迫、窥视、控制，对父母心存芥蒂、怨愤、怨恨，对父母的评判、要求、指导都有抵触，甚至反感到听见父母声音就烦躁。他们用消极回避表达不满，或与同伴吐槽，少有积极沟通，也不会把不满告诉父母，不觉得问题应该和能够解决。

在孩子幼年，父母作为抚养者、教育者，可能给孩子造成不同程度的压迫和伤害，孩子越小越无力反抗，只能被动承受；到了青春期，随着孩子力量的增长，子女有能力发起程度不同的反抗，父母往往猝不及防。

在子女信息的需求与供给矛盾中，父母处于被动地位；但沟通障碍的成因，父母要负更多责任；通常，父母也比子女更急于化解矛盾。既如此，解决问题的主体就是父母，一如司法实践中的“谁主张，谁举证”。

在关系中，希望改变的一方需要承担责任、检讨和改变自身，而非指责、归咎、要求另一方，那会激起防御、反抗，让鸿沟更深，距离更远。

一般人际交流中的“话不投机半句多”同样适用于描述亲子障碍。趋利避害是人之本性，这有助于理解拒绝沟通的原因，也包含解决之道。试想，如果交谈投机、有共同语言，能够得到理解、接纳、鼓励、支持，能从父母那里获得力量、信心、勇气，沟通一定是和谐、畅通、愉快的。沟通有障碍则表示话不投机，聊不到一块儿，孩子往往只感受到父母的说教、怀疑、批评、指责、否定、打击、冷嘲热讽，只能自交流中承受心理精神之“苦”。

父母希望打开孩子的话匣子，就要变“话不投机”为“投机”，让谈话成为享受而非心理、情感、精神的“伤害”。

消除亲子沟通障碍，可以自改变认知、观念和做法入手。

从认知角度来讲，父母须在观念上回到与孩子平等的位置，去除身份认知上的居高临下以及话语权、智力、判断力上的自以为是与优势心理——没有平等就没有坦率、愉快的交流。优势心理导致先入为主，交流变成一言堂，父母把住话语权，结论先行，随意论断、否定、打击孩子；孩子缺乏表达空间，要么反驳争辩，是非对错之争变成情绪混战；要么懒得交流，变成闷嘴葫芦。

有位朋友以机智善辩、见解不凡享誉朋友圈，可青春期的儿子跟他非常对立，要么不说话，要么开口就吵架。他后来意识到问题在自己，经常把儿子批得体无完肤。他把自己的这种沟通方式称为“大树底下不长草”，并非他的看法不对、不好儿子才不要听，恰因为他太对了、太能了，儿子经常被说教打击否定，也就懒得在他面前说什么了。

通常，受困于孩子拒绝交流的父母，多是一般意义上比较成功的人。那些学会报喜不报忧，倾向于掩饰、封锁坏消息的孩子往往都有遭受责骂、批评、嘲讽的经验。

还有父母好做“事后诸葛亮”，每在孩子出错、沮丧的时候出言嘲讽、责骂、教训，他们的名言是——我早就给你说过了！有的父母喜欢打断孩子、转移话题，发表风马牛不相及的评论，或者倾听时三心二意；或者时常窥视、监督孩子，审查其言行，要求孩子与自己保持一致；或者不善于保守秘密，喜欢在亲友间传播孩子的隐私。另外一类情况是，面对坏消息，父母垂头丧气、情绪低迷，或者评论不着调，交流结果无助于解决问题……这些都是交流中的“害”，需要避免。

如果平等地把孩子视作人格独立的人，有尊严、有理性，是成长和发展中的个体，父母就会对孩子的兴趣、爱好、交友等保持好奇，愿意学习；如果父母能够倾听孩子，让孩子遭遇失败时可以得到理解、同情、帮助、支持，获得成功时可以尽情分享喜悦，不会被泼冷水，不被要求再接再厉、戒骄戒躁；如果父母不自以为天然正确，有能力接受质疑，亲子关系就不会遭遇巨大的障碍。

但是，就算自己各方面都做得很好，父母仍需了解，无论怎样开放、包容、支持、接纳孩子，孩子也不会事事透露。双方交流的频率、深度、广度仍然未必令我们满意，这是成长的必然，因为孩子需要空间独自面对世界。这种时候，我们要对关系有信心，怀抱理解，相信孩子能够管理和照顾好自己，相信没有消息就是好消息，相信有需要的时候他们会联系我们，就可以少一些担心和焦虑，把心思精力用于自我提升，活出自己的人生。

如果的确不满意亲子交流水平，也可以平和、理性地主动沟通，坦诚陈述事实和感受，倾听孩子，理解其解释，表达期望，共同协商彼此都能接受、实施起来不为难的交流方式。

撒谎的往事怀想

陪伴子女成长的过程中，很多家长都会遇到孩子撒谎或隐瞒真相的问题。撒谎算得上最令父母担心的不良行为，甚至比学业欠佳更令父母惊慌。

如果说好多家长没有很好地解决孩子撒谎的问题，至少他们大多予以重视，而孩子对家长隐瞒自身情况的问题则不仅解决得更差，也没有得到足够重视。

在我女儿的儿童、青少年时期，撒谎和隐瞒我都十分关心。这与我自己在相同年龄经历过的相关恐惧有关，我心心念念自己的孩子可以避免同样的痛苦。那时，并无多少养育好书，也缺乏足以交流探讨的师友。我的主要办法是回顾从前，回想遭遇类似问题时对妈妈撒谎的情景与心态。我觉得，理解彼时的我就能理解此刻的孩子，并据此营造孩子无须撒谎的氛围与条件。

一、童年的“弥天大谎”

儿童时代刻骨铭心的重大撒谎发生在小学一年级。

那个初夏，妈妈好不容易下定决心，花了三块多钱给我买了人生第一双新凉鞋。那是一双粗笨的黑色男式儿童凉鞋，为了以后还能穿，买的鞋比实际需要大一号。尽管如此，我仍是那所乡村小学唯一一个穿凉鞋的学生，别提得到多少羡慕和嫉妒了。

不过，夏天的我习惯打赤脚，也喜欢下河游泳，或到水沟玩水、捉鱼虾。每当此时，凉鞋就脱下放在岸上。结果，没穿三五天，一个炎热的下午，和伙伴们戏水结束，我忘了穿鞋，拔脚就玩别的去了。等到天擦黑该回家了，才惊觉赤着双脚。鞋呢？我蒙了，旋风般冲到河边、沟坎，哪里还有凉鞋的影子？

怎么办？！

我当然心疼丢失的鞋子，却更害怕妈妈的火气、数落、责罚。我在心里紧张地设想如何隐瞒，预演被发现后的种种说辞。我没敢马上回家，徘徊到天色黑尽、妈妈唤我回家吃饭，才紧张兮兮、鬼鬼祟祟地溜进屋，一屁股坐到桌前，一双赤脚妥妥地藏在桌下。直到上床，妈妈都没发现我的异常，也没注意到凉鞋不见了。

第二天上学，我顺利溜出家门，没让妈妈看到我的赤脚。可那个上午，我人在课堂心在巡荡，竭力回忆昨日足迹所至的每一处场景、每一个细节。我满心懊恼、惊惶，暗自编排应对妈妈的说辞。

放学，我再次去到每一个可能之处又找了一遍，肠子都悔青了，责怪自己粗心，多希望可以更小心些；我幻想是在梦中，醒来就会看到鞋子；我幻想有小朋友或老天跟我开了个玩笑，我认为自己找得不仔细，又扩大了寻找范围。天又黑尽，凉鞋仍然全无影踪，我垂头丧气地回到家里。

那个晚上，我表现特别乖，极为殷勤，不断找话同妈妈说，主动烧火、洗碗、扫地，作业做得特别认真。临睡，妈妈还是没有发现，我大大松了口气，以为这一天又蒙混过去了。可是，在我上床后，妈妈突然想起没有看见凉鞋。她询问鞋子去向，我含含糊糊地说是好朋友、同班同学罗莉蓉借去了，又假装瞌睡得眼都睁不开的样子。妈妈无可奈何，叨叨几句，任我睡了。

次晨上学，妈妈叮嘱一定让罗莉蓉把鞋子还给我。可是，天知道，莉蓉根本就没有借鞋子啊！一整天，我仍是满心满脑子地想鞋子，利用课间操把全校每个同学的脚都扫视一遍。放学以后再次重返丢鞋之日走到的地方，睁大眼睛不放过一个角落……直至天黑，才又垂头丧气地回家。

妈妈追问鞋子，我谎称莉蓉不还。妈妈闻言火了，觉得莉蓉欺人太甚，无非仗着爷爷是生产队长，家里人多势众，欺负我们成分不好，是外来户、单亲户。我刚松一口气，妈妈的一句话令我魂飞魄散："明天早上我跟你一起去学校找罗莉蓉，找老师！”我一晚上都在打鼓，幻想早晨起来鞋子出现在床前，幻想妈妈明早忘记这件事，幻想她明天临时有更重要的事……

早晨，妈妈果然有事。但她说先办事，然后到学校。

我知道事情闹大了，感觉大难临头，却不知如何终止谎言，阻止谎言发酵，满心都是听天由命的恐惧。

中午放学前，妈妈来到班里。她请语文老师暂停上课，说罗莉蓉借我鞋子不还。老师感觉事态严重，和妈妈一起询问莉蓉，莉蓉当然矢口否认。我在旁边呆呆看着，死的心都有了。妈妈和老师转而问我莉蓉有没有说实话。我嗫嚅着，吓得麻木。这下，妈妈更觉事情严重，坚持必须弄个水落石出，她以为我不敢当面指证莉蓉，遂和老师一起，把我带到隔壁老师家的厨房，叫我不要害怕、大胆指证，无论谁拿了我的鞋，她们都一定叫他还回来。妈妈豪迈地说：“敢不还回来，大不了找公社！再不行，去县上！”

那一刻，我只希望是在梦中，希望地球停止转动。

急中生智，我编了另一个故事：我说出一个想象中的人，基于小人书上的女特务。我说那是一个长得白白净净、高个子、挺好看的女人，三十岁的样子，剪着齐耳短发，我在马路边碰见她，前后左右都没人，她招呼我，说我的鞋子好看，让我脱下来给她看看。我看她和蔼可亲，像语文老师一样，就脱给她了。她拿上鞋子，转身就往玉米地跑，我追了几条田坎，她一晃就消失不见了……好一个“天衣无缝”的谎言，总算解救了我。妈妈不仅没有骂我、打我，还庆幸我没受到伤害，后怕之余对我格外温柔、疼爱。

这算得上童年时代最大的秘密，几十年都没提过，直到今天妈妈也不知道。不过，对我而言，有秘密绝非愉快的事，只是心中块垒。

除了这个弥天大谎，从小学到初中，为了从妈妈那里要到零花钱，我没少编故事，把谎称的班费、作业本费、公共汽车费、饭菜票钱都拿来买书、租书、买零食。这么做的时候，当然有罪错感、羞耻感，也有对父母的愤怒，进而罪错感弱化了，觉得犯错是被逼的，父母至少有部分责任。

撒谎、编故事很耗心力。成年后，我对那个幼弱时代撒谎的自己充满了同情。我得出结论：孩子撒谎首先是家长的问题，孩子出于恐惧、自保、趋利避害而撒谎；还因为缺少安全感，对养育者缺乏足够信任，孩子为获得周围伙伴大都有的用具、食物、媒介而撒谎，其状堪怜，其情可谅。要避免孩子煞费苦心编故事要钱并承担道德压力，需要尽力去满足孩子免于匮乏的自由与权利。

二、孩子为何隐瞒？

成长过程中，无论同学纷争、考试失败等小事，还是包括生理发育、情感萌动等大事，我都尽可能瞒着妈妈，也常体验到巨大的惶恐和孤立无援之感。

童年时代的另一次刻骨铭心之事发生在小学三年级的冬天。那天下午，天已快黑，我亦倦鸟思归。可是，必经之路站着对我家极端仇视、令我害怕的中年贫农刘某，他的旁边是幸灾乐祸、外号黑田的同班同学。

远远看见他们对着我的方向指指点点，心中打鼓却不便改换道路，硬着头皮往前走。隔着四五十米刘就大声叫我的名字，嚷嚷说我偷了他家甘蔗，说是黑田说的，强迫我承认。可我没有！我咬死不承认，他坚持不放我过去。

田坎窄窄的，只容两人侧身通过，右边坎下是他家的甘蔗地，左边是蓄满水的冬田。我屡次突围均以失败告终，僵持到天快黑尽，眼看无法逼我承认，刘才悻悻地放我回家。

回家后我就晕倒了，发高烧，说胡话。妈妈吓坏了，以为我得了什么怪病或是鬼怪附身。她又是给我刮痧，又是跪地向老天叩头祷告，又是立水筷子……什么招儿都用了。深夜，我在困倦中睡去，却睡得不踏实，时不时惊醒，高烧、抽风、说胡话。第二天，妈妈请假带我去县医院。回程在青衣江大桥上，远远看见对面人行道上迎面走来的刘，我不由自主往妈妈身后躲，妈妈意识到异样。眼见瞒不过，我才说出实情。

一个不到十岁的孩子，遭遇恶人那么大的冤枉和逼迫，吓得半死却不肯对妈妈如实相告。正如今天的好些孩子，遭到同学或小混混的威胁勒索，宁愿独自忍受惊恐也不肯告诉父母、老师。

为什么?

我以为，这当然不是孩子不想讲，而是不愿讲，不敢讲。

三、谎言的成因

童年、少年时代的我们，无论生理、心理都很脆弱，会遇到各种困难，需要奥援。但前提是孩子要敢于如实相告，可实际情况却是，很多孩子选择撒谎、隐瞒。以我个人的经历和感悟来看，孩子撒谎、隐瞒，根源和首责在于父母。行为动因主要是害怕父母的加重责罚，也担心给父母带来打击伤害，觉得父母没有能力协助解决问题。

这些担心源于过往的亲子互动，对治之道不是责备或进一步高压、处罚，而是父母反思自省，想想有没有让孩子感受到确定与安全的爱?

家长要让孩子知晓并相信，无论做错什么都能得到包容和体谅。我们还要明白，遭遇失败，最痛苦、懊恼、绝望的是孩子，那是他最需要理解和安慰的时候。我们要做孩子最可靠的同盟军，给予强有力的支持以协助解决问题，避免孩子心理崩塌。

愤怒于孩子撒谎，大多基于这样的假设：这么小就撒谎，长大还得了?

这个假设本身值得推敲。

担心孩子成年后继续撒谎，这可能未必符合大多数人的经验。实际上，成年后，随着亲子关系在权力意义上实现对等，从前撒谎的理由消失。或者不撒谎，或者目的改变，非为欺骗，而是基于善意的、不希望自己的失误、失败搅扰父母安宁。

至于成年人在自由平等的人际关系以及市场交易中为自利撒谎甚至坑蒙拐骗，与儿童、少年时期的自保式撒谎不可同日而语，倒是同个人与国家关系的、为“免于恐惧的自由”被迫撒谎相似。

长大不是一件轻松容易的事，陪伴孩子长大也不简单，对父母的智慧与能力都是挑战——一种甜蜜的挑战，是父母不辍学习、自我提升，甚至自我疗愈的绝好契机。

孩子的谎言：弱者的消极抵抗

一、儿子撒谎，妈妈惊慌

早晨，她的儿子撒谎了，她和先生都觉得问题严重，对孩子进行了批评教育，儿子大致认识到错误，上学去了。

一般人可能到此为止，这位爱思考的妈妈却觉得问题并未真正解决。

她不理解孩子怎么会犯下撒谎这么严重的、“涉及人品”的错误？她和先生素来重视孩子的品格培养，一直告诉孩子可以接受犯错，但不接受撒谎。尤其令她觉得恐怖的是，孩子的谎言张口就来，神态自若。这令她焦灼：还能不能、敢不敢相信孩子？怎么知道他哪句话真，哪句话假？没了信任，如何相处？

有相似困惑的父母不少，遭遇孩子撒谎的家庭不在少数。

本文记述了笔者与这位妈妈的交流过程，希望与有缘家长分享一孔之见，进而抛砖引玉与师友探讨。

二、事由

无须发问，这位教授妈妈主动谈起事情经过。几天前，儿子患了湿疹，到医院拿了外用药膏，她嘱咐儿子按时涂抹。事发当日晨起后，她来到儿子房间，随口问道：“药涂了没？”

儿子平静地回答：“涂了。”

她不放心，又问一遍：“真的涂了？”

儿子答：“真的涂了。”

她还是不放心，扫视床头的棉签、药膏，没有看到用过的棉签，狐疑顿生：“涂药用过的棉签呢？”

儿子答：“丢了。”

她不信，儿子刚醒，还没走出房间。她开始怀疑儿子撒谎，继续追问：“到底涂没涂？用什么涂的？”

儿子胡乱应对：“涂了，我用纸巾涂的。”

她穷追不舍：“用过的纸巾丢哪里去了？找出来给我看看！”

儿子只好承认自己没有涂药。

她一下就“炸”了：“明明没涂，为什么要撒谎？这是诚信问题、人品问题……”

隔壁房间的爸爸听到愤怒的女高音，走进儿子房间，严正指出撒谎的问题。

三、妈妈的情绪及消解

孩子撒谎被当场揭穿，母子信任被动摇，不解、愤怒、惊慌等多重情绪袭上妈妈心头。看上去，是儿子太不知好歹，面对母亲无微不至的关怀，竟然谎言以对。更何况，妈妈觉得自己向来平等、民主，孩子没理由对自己撒谎！如果问题根源不在自己就在孩子。但孩子为什么要撒谎？难道是人品问题？这个念头让她越想越怕。

很多父母都把孩子的诚实看得很重要，甚至是偏执。对孩子的谎言如临大敌，在过度解读与想象中恐惧常把自己吓坏。这是常见的情况，首先要解除母亲的紧张情绪，才能进行理性交谈。

我以自己为例："我小时候也对我妈撒过谎，我在文章《撒谎的往事怀想》中做了详细描写，你去读一读，我的谎言可比你儿子的厉害多了。你看现在的我是坏人吗？是不诚实的人吗？"

我知道，在这位妈妈心目中，我的诚信度相当高。妈妈笑了，紧绷的情绪松弛了许多。我进而追问："你小时候没对你妈撒过谎吗？你现在是不是坏人？是不是不诚实的人？有没有被社会唾弃？"

妈妈承认自己曾经也是个撒谎的孩子。至此，想象中的孩子不诚实的严重后果及其唤起的恐惧已大半消解。但她还是无法释怀：“可他怎么做到撒谎的时候那么镇定自若？难道习以为常了吗？”

我回答：“不然怎么让你相信呢？镇定当然是强装的、表演的，我们撒谎的时候不都是这样吗？你回想一下自己小时候撒谎的情形，表现是不是不输你儿子？再读读我那篇文章，看看当时比你儿子小一半的我编的谎话多么天衣无缝，比你儿子的谎话可是复杂多了。那是急中生智，是调动了很多想象和能量的结果。”

妈妈恢复了乐天本色，情绪基本释放。

四、撒谎动因解析

撒谎被普遍视为诚信问题、人品问题，这更适用于成人，用以判断亲子关系中弱势的孩子却未必合适。责备撒谎有道德制高点之嫌，但我们更应当看到孩子撒谎的原因。很多时候，孩子对父母撒谎属于自我防卫，是弱者的消极应对策略，为了避免批评、责备、唠叨，根源往往是父母无意中不当入侵孩子的空间。

在这个案例中，妈妈过度介入，孩子没说，却用撒谎来抵制、应付妈妈的不信任和干预，谎言的根源在妈妈。当然，孩子也没有学会直接、真实地表达。14岁少年生病，或者仍须父母陪同就医，但涂药这么小的事，他完全可以独自完成。

面对妈妈的询问，他为什么以谎言应付，而不据实以告呢?

可以想见，他当时处于心虚、紧张、防卫的状态，害怕真实回答会招致令他惧怕的反应，比如教训、批评、唠叨，这种负面推想来自历史经验。也许，儿子心目中的妈妈不如妈妈自己以为的那么平等、民主，儿子对妈妈是惧怕的。另一方面，妈妈对儿子的关心有些过度，变成越界、干扰、逼迫、侵犯。

过犹不及，适得其反。

一开始，妈妈难以接受这一结论。曾经发生过孩子不严格遵守医嘱用药的情况，为防患于未然她才监督。显然，她心里潜藏着不放心。

我意识到，妈妈害怕孩子“犯错误”，担心孩子不遵医嘱，为避免病情反复这一可能的后果，她施以严加督查，紧张与担心都传递给了孩子。如果妈妈不那么紧张，把涂药当成孩子的事，让孩子自行决定几时涂抑或不涂，事情原本不必发生。没有妈妈的监督干涉，就没有儿子的防卫撒谎。

可是，没有妈妈的监督干预，儿子果真不好好用药，病情反复、恶化怎么办?

湿疹的反复、恶化并非性命攸关之事，纠正起来也不困难，无须过度担心。另外，如果湿疹果真令孩子痛苦，他必会积极用药，判断之责应当交还孩子。如果儿子获得自由自主却不好好用药，病情反复就是一次很好的学习机会，儿子可以借此理解治病当断根，学会听取他人的合理化建议，为自己的决定负责并承担相应后果。若如此，妈妈之爱就体现在接受儿子决定的后果，不生气、不马后炮，心平气和地陪伴并协助解决问题。

很多父母在理念上都知道应当随着孩子的成长适时放手，却常是行动落后于观念。如果生活中的这类小事都不能放手，大事恐怕更难放手。若是只要还剩一口气，就难以停止担心、干预、监督，最终必然是——要么孩子激烈反抗，要么封锁信息、以谎言做消极抵抗，成就一个怯弱的孩子。

五、建立坦率的沟通机制

通过交谈，妈妈的情绪平复了，理解并接受孩子撒谎的原因，准备晚上同儿子进行开诚布公的交谈。

解决问题的办法蕴藏于如何理解导致问题的原因。

在这对母子的关系中，妈妈可以更放松些，不把自己当成孩子的上帝和警察，给予更多的信任、尊重，赋权孩子，以不使儿子惧怕的方式相处，让儿子感到安全，消除撒谎需求，敢于表达真相与想法。

儿子是不是就没有需要改进的地方呢?

无论出于何种原因，撒谎都不是好的策略，会扭曲信息，无助于建立平等主体关系；它也是一种弱者的防卫模式，是不敢面对强者的懦弱行为，不敢承担责任的逃避行为，既不利于捍卫尊严与权利，也无助于交往对象学会尊重自己。如果习惯于用谎言避免冲突，怯于自我表达，进而把这种习惯带进包括亲密关系的其他人际关系，将会是一种可悲的存在状态。

借助于妈妈营造的坦诚对话契机，儿子需要学习真实表达、直率沟通。没做就是没做，若是认为不需要，大可如实相告，未必要说服，也非一定得遵从对方。遵循自己的判断，勇敢承担决策后果，才能成长为独立自主、敢任事、有担当，自信且顶天立地的人。

你的专制粗暴，孩子报以揭竿而起

珠珠是一个刚满十岁的女孩子，她想上私立小学，父亲坚持要她上公立小学；她披着一头美丽的长发，父亲坚持要她剪掉；父亲不让她穿裙子；她阅读的书籍、她喜欢的电视节目，父亲都强烈反对，吼叫、责骂、恐吓，唠叨是家常便饭……她畏惧父亲，却不敢告诉他自己的真实想法，因为这会换来父亲的变本加厉。她的心理压力非常大，陷入轻度抑郁，情感上几乎与父亲处于隔绝状态，绞尽脑汁地躲避他。

小胜是初三学生，成绩优秀，在老师、同学中口碑非常好。近半年，和母亲陷入严重对立，冲突频发。他听见母亲的声音就烦躁，对母亲的“关怀”，他回以“关你什么事”；母亲的建议得到的回应是“脑残”；他骂母亲虚伪，是强盗，直言不讳说讨厌她，甚至说“我不认识你”；曾在激烈争执中把母亲掀倒在地，把母亲锁在门外……曾经乖巧的孩子，怎么成了这个样子？原来，为了方便监督，母亲找人卸了他的卧室门锁，全然不知隐私二字；在他上网时，她觉得睡觉时间到了，不由分说断了网线；还不经同意把他心爱的东西送人……唠叨是随时的。而他的成绩在妈妈口中永远可以再好、更好。

小丹是高一学生，她早向母亲关闭了心门，同父亲的关系势同水火。父母为她设定了远大目标。父亲见天唠叨、指导、批评。在他眼中，她的衣着是奇装异服，她的朋友不学无术；他还窥探她的QQ、手机，并要求与她及她的同学一起去看电影，弄得她尴尬万分……提起父亲，话未出口眼泪就珠子般滚落，一心只想逃离，走得远远的。

小木是高三学生，品学兼优，还是校篮球明星。他那身为知名教授的父亲为他提供了优渥的学习和生活条件，要求则是要比自己更成功。周末玩游戏的那一个小时如果用来学习，一年就多出52个小时的学习时间，能做多少事啊！再不然，少打会儿篮球，用那时间来睡觉，精力更好，更有利于学习……唱爱情歌曲？多么低俗，肖邦、贝多芬才够高雅！早两年，儿子还抢白、争论，近来干脆直接无视，避而不见，爱搭不理。人前成功、光鲜的父亲更加生气：如此目无尊长，必须严加训斥！

回国一个月，我接触了不同年龄段的五十来个人，几乎无一例外都会聊到家庭关系，尤其亲子关系，父母子女相处和谐、愉悦的家庭，十不及一。我强烈感觉到，物质意义上富裕起来的国人对关系品质的关心加重，关系品质对快乐幸福的权重加大，关系不好造成的痛苦日益突出。

我们那么爱孩子，为孩子付出那么多，怎么得到这样的结果？我们最爱的孩子成了最讨厌我们的人，我们最爱的孩子成了我们最大的痛苦根源。

看看这些例子，我们会发现，亲子矛盾的焦点在于我们希望孩子成为学业上的佼佼者、考试竞争中的成功者，我们害怕孩子输在起跑线，决心帮助他们成功。为此，我们殚精竭虑，让孩子上好学校、找好老师、上补习班、学才艺、旅游、阅读、见世面长见识……可是，孩子的表现，无论学业还是生活均不符合我们的品位。

这已经足够令人着急气结，而他们竟然还花着我们的钱，吃着我们的饭，穿着我们的衣藐视我们，挑战权威，对我们嗤之以鼻！

问题的根源在哪里？

很多人把问题归咎于孩子，也有专家归咎于社会，有人认为是伦理失范、传统道德失效，解决办法是提高对孩子的规范和训诫。

前面小胜的例子，有咨询师和亲友建议母亲报案，把孩子送去精神病院，或者干脆不管他。也有专家学者提倡读经、倡导孝道，期望恢复传统伦理道德让孩子懂规矩、孝顺父母。

我认为问题根源在于家长。

在当今现代化进程中，个人权利意识不断增长，传统农业社会形成的那套亲子关系、生育目的、伦理道德已不合时宜。但很多家长并未升级更新观念，家长制才是伦理底色。在亲子关系中有意无意以恩人自居，视孩子为附庸，规定孩子的生活、学习、成长目标，永不满足地要求孩子不懈学习，除了上课、做题，最好什么都不要想。他们有如专制政府，规定孩子的发型、衣着、兴趣爱好。专制必然引发反抗，对，是反抗而非叛逆。

“叛逆”的概念可能掩盖问题实质，事实上，并非所有亲子关系都会经历“叛逆”过程。就我自己养育女儿的经验以及接触到的、亲子关系良好的家庭都没经历“叛逆”。原因很简单，父母开明、不过多管束和控制。

事实上，亲子冲突很大程度上是因为父母不当干预孩子的权利、入侵孩子的空间，根源一早就种下。冲突是孩子向父母争夺自由权、自主权、管理权，是孩子不同程度的逃离和“揭竿而起”，是对父母专制暴政的反抗，是在维护和争取自身权利与自由。解决办法需要父母放权，根据孩子的成长节律，适时地自孩子的生活中退出来，形成有距离的亲密——互相温暖却非侵犯。

那么，如果冲突发生，怎么办?

我的建议是，当孩子对父母的说教表达不满、不耐烦、出言反对，已是在提醒父母不要干扰自己，需要父母退后、放手。只要父母交还孩子管理权、决策权，相互尊重，就不至于发生冲突和反抗。

我由衷赞同黎巴嫩诗人纪伯伦关于亲子关系的诗句，他说：

你的孩子，其实不是你的孩子，
他们是生命出于自身渴望而诞生的孩子。
他们通过你来到这世界，
却非因你而来，
他们在你身边，却并不属于你。
你可以给予他们的是你的爱，
而不是你的想法，
因为他们有自己的思想。
你可以庇护他们的身体，
而不是他们的灵魂，
因为他们的灵魂属于明天，
属于你做梦也无法达到的明天。

孩子犯错、失败，
才是真正考验父母爱和耐心的时候

作为老师和父母，我们当然觉得我们是爱孩子的。假如有人怀疑这一点，我们会备觉委屈，会觉得这是最严重的指控，是一种道德裁定。

爱不爱的问题，在孩子乖巧、听话、成绩好，什么问题都没有的时候，不是问题。只有在孩子犯错、失败、“不听话”的时候，才会成为一个问题。

我们会说，在孩子犯错、不听话的时候，我们确实会生气、吼叫、责备，可能还会体罚。可从我们的本意来说，这都是出于对孩子的关心和爱，“爱之深”所以“恨之切”！生气、吼叫、惩罚，那是“恨铁不成钢”！根本出发点和目的还不是为了帮助孩子改正，成为更好的自己，将来有个好的前程吗？

这是成年人的逻辑，孩子不这么理解，不这么感受。

当老师、父母发怒，声色俱厉地吼叫、责骂、处罚的时候，孩子只觉得害怕，不会感到爱和关心；只感到否定，不会感觉到支持。更何况，我们一旦这样做，孩子要么吓傻了，陷入恐惧，要么觉得受到错误和不公平的对待，心生怨恨，可能针锋相对地还击。无论如何，他们都不再关心我们的教诲，我们当然也达不到原本希望的教诲目的。

他们很可能还会内化为老师、父母气头上的各种负面评判，为自己感到羞愧甚或绝望。结果可能是畏惧上学、讨厌学习，跟我们疏远、对立，破罐子破摔，抑郁、生病。

作为母亲且当过老师的我，丝毫不怀疑我们对孩子的爱和关心，完全理解老师和父母的逻辑。不过，我深切感到，教育养育都是讲求效果的，如果我们的工作对象——孩子没有感受到我们的爱与关心，那么，我们的本意、出发点、目标根本无关紧要。我们可以怪孩子不理解，委屈愤懑。但作为亲子关系中的主导者，我们也可以主动反思，力求改变，解决问题。可以尝试改善爱和关心的表达方式。

在孩子表现好，听话、合作的时候，我们很容易对孩子和颜悦色，孩子也能感受到安全、轻松、愉快，还有爱。可是在孩子失败、犯错、不听话、不配合的时候，我们的言行真的是爱在推动吗？还是说，其实是愤怒、厌烦、讨厌……是恨？如果我们说出来的话、做出来的行动有伤害打击的后果，其动力其实是恨，孩子的感受没错。我们可以回忆一下小时候挨骂挨打时的心理。

上课说话、违反纪律、作业不完成、考试一塌糊涂、撒谎……还不能批评吗？这不是纵容，没有尽到教育责任吗？很多老师父母都有这种误解，以为不对孩子的错误行为表达生气愤怒，不予以吼叫惩罚就是纵容，孩子就会在错误的道路上越走越远，终至一事无成，后果不堪设想。其实，这个推论并不成立，这已为很多研究所证实。

爱和恨的区别，并不在于是否指出问题，而在于指出问题的方式方法。如果是出于爱和关心，我们就不用生气吼叫，让孩子以为做了伤害我们、对不起我们的事。如果是出于爱，我们就能控制情绪，或者压根儿不会有情绪。

爱是无私，不是自恋。如果我们无私、不自恋，就不会觉得孩子犯错、失败是对我们的违逆冒犯，就不至于生气。如果是出于爱，我们就会关心孩子的感受。要知道，犯错、失败的时候，孩子本就非常无助、恐惧、羞愧。这一点，认识到的父母不多，也有父母不予承认。

我们之所以会生气，感受愤怒，很重要的一点在于，我们潜意识里认为孩子是故意的，这一预设构成很大的情绪基础，但它恰恰是一种主观投射。事实上，孩子犯错误和失败是能力不足，他们的能力还在建构过程中，要到25岁左右才基本完成。一旦认识到这一点，我们就不会愤怒和怨恨孩子，而会生起同情心，和颜悦色地讲话，希望帮助孩子；就能耐心地了解情况，了解行为背后的原因，询问解决办法以及是否需要帮助——作为理性的成年人，我们不可能指望孩子不犯错，而应该把孩子的每一次犯错作为助力成长的机会，让孩子明白犯错很正常、不可怕，永远都可以修正并再来。这就是无条件的爱和接纳。

孩子不犯错的时候，爱他们很容易，他们犯错的时候才是检验我们爱的能力的时候。心理咨询大师卡尔·罗杰斯说：“仅仅爱和接纳还不够，必须无条件地爱和接纳。”接纳犯错的孩子，依然爱他，才是无条件地爱和接纳，这能帮助孩子成长为最好的自己。

爱孩子，要指出孩子的问题，更要保护孩子的自尊、自信。爱的表达涉及技术与方法，愿我们不断改进，提升能力，让我们所爱的人如其所是地感受到、接收到！

子女吸毒、成瘾，
为什么父母也要参与治疗？

费舍尔夫妻的子女都已成年。其他孩子都很成功，唯独女儿斯蒂芬妮令他们烦恼不已。25岁的她吸毒成瘾，丢了工作，只好住回父母家里。

女儿在戒毒戒酒中心接受治疗，父母为帮助她戒毒费尽心思。两年过去了，吸毒问题没有解决，一家三口相互间的关系倒变得剑拔弩张，每个人都是满腹怨气。

斯蒂芬妮的治疗师认为，当务之急是帮助她摆脱父母的干预和控制。她把他们引介给了家庭治疗师、《家庭疗愈》一书的作者萨尔瓦多·米纽庆，让父母和女儿一起参与治疗。

吸毒不是孩子的问题吗，为什么要让父母参与治疗？很多人觉得莫名其妙，不少父母难以接受。

家庭治疗于20世纪60年代诞生于美国。该流派认为，家庭是一个单位，系统中的一个或多个成员出了问题，家庭是干预和改变发生的场所。

家庭治疗既承认人们在一定程度上生活在过往家庭的阴影中，子女的问题与过往养育方式脱不开关系，同时，也认识到家庭在当前的力量，并致力于发挥其积极的影响。其理论假设是，一旦家庭组织改变，权力关系和互动模式更新，每个家庭成员的生活也会相应改变。

在治疗师面前，一家三口再现了他们的日常互动模式。

费舍尔太太指责女儿自私、不负责任、粗鲁、不诚实、没有头脑……一句话，糟糕透了，无可救药。而夫妻俩，尤其是她自己，则仁至义尽，无懈可击。可女儿就是不思悔改，把自己的生活搞得一塌糊涂，还牵累了父母，令他们的夫妻关系也陷入危机。

斯蒂芬妮急忙展开反驳。她不否认自己吸毒、有错，但她话锋一转：“我一点儿隐私都没有，这让我很烦！他们什么都要问。我做什么他们都要管。”她认为父母对她生活的介入和干预妨碍了她的改变。

父亲对女儿的说法嗤之以鼻：“你配有什么隐私？”那意思，好像女儿不是人。

女儿声称“每个人都配有隐私”，却也自知理亏，陷入羞愧、怨愤。

两位父母也互相指责。父亲怪母亲事无巨细管得太多，母亲则怨丈夫不作为。

无论是子女吸毒，还是网络成瘾、酒精成瘾、赌博和其他自毁行为，父母和子女往往各有说辞和归因。家庭成员间这样互相指责的情况很常见，家庭系统陷于瘫痪，每个人都被困住了，互相折磨。

从父母的角度来讲，子女的行为不仅破坏了他们自身的学业、事业乃至人生，而且给家庭带来了耻辱，牵累了父母的生活，那当然是子女的问题。常见的做法是“剥权”、加强监管，干预、控制子女的交往、行为。有些父母还会打骂子女，冷嘲热讽、羞辱、不留情面的情况很普遍。有些绝望的父母甚至希望孩子被关进监狱，或者干脆死掉。

子女一方在知错、认错的同时，往往怨恨父母干预、控制、不尊重自己。他们清楚父母对自己的嫌弃、不屑。

控制、干预也好，羞辱、打骂也罢，都是方法，如果能解决问题，让子女迷途知返，未尝不可。然而，消极强化的做法无助于问题的解决，反而加剧子女的低自尊、自我嫌恶，陷入更深的无助、绝望，破罐子破摔，振作无望。

自毁行为是表象，背后是脆弱、无助、自卑、孤独、迷茫等诸多负面感受和情绪。解决问题的根本，是提升心理水平，恢复责任感、尊严和生活的信心。

治愈从同情与接纳开始。家庭是最好的疗愈场所，也是最后的希望。

费舍尔一家找对了人，采取了有效的方法。

斯蒂芬妮需要为自身的行为承担责任，“如果他们需要一直拯救你，你永远也长不大。”——自主、尊严也无从谈起。

父母认识到，他们表达关心和担忧的方式延续了女儿不负责任的行为。抱怨、念叨无助于任何人学会承担责任，只会导致紧张、防卫。如果父母以平等、尊重的方式提出要求，那就有助于子女的成长。良药苦口，有效的疗愈挑战惯性思维和反应方式，未必让人舒服。

斯蒂芬妮的成熟水平的确与她的实际年龄不相吻合。如米纽庆所说，像她这样在心理上和家庭纠缠不清的年轻人往往在交友、恋爱、工作等方面遇到了困难。父母和周围人往往责备他们，其实，换个角度，也可以说，父母的养育责任尚未完成，需要补课。

真正的好父母不是不犯错误，而是愿意与子女一起改变，共同成长。

交流之道

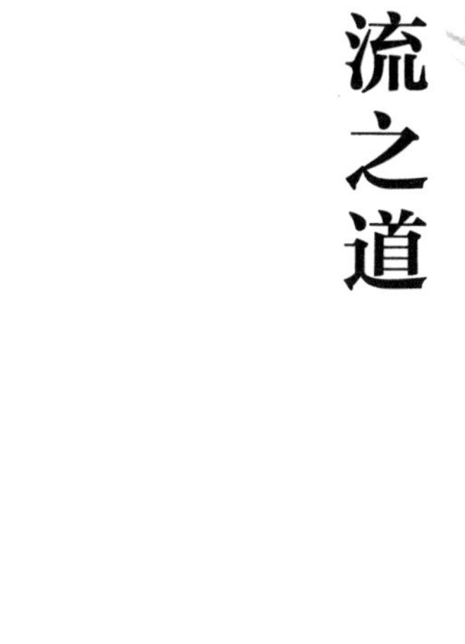

孩子说“不”的时候，很多父母的反应都错了

一位父亲和我交谈时，提到和青春期儿子的一次互动。

这天下午，儿子放学后，父亲提出一起去他一位朋友家吃饭。

儿子问，可否不去？

父亲很想儿子同去。他非常希望儿子多交朋友，多参加社交活动。他说别人都邀请了，不去不礼貌，一番劝说之后，儿子同意同往。到了主人家楼下，儿子再次提出可否不去？父亲又一次劝说，反正都到楼下了，很快吃完饭就回家……儿子终于还是上去了。去了之后，儿子不主动参与交谈，闷头吃饭。但到了聚会比较靠后的阶段，表现出了一些兴致。

看起来，父亲对儿子进行了一次成功的劝说。儿子虽然开头比较抵触、消极，但后来情绪放松，跟主人有交谈，他多少觉得达到了让儿子参与社交的目的。如果他为此感到高兴，并不奇

怪。进而言之，通过这个事件，父亲可能得出这样的结论：儿子的拒绝并不是认真的，不需要去认真对待。只要坚持劝说，就可以让他放弃最初的主张，按照父亲的意思办。顺理成章地，未来在儿子拒绝父亲的要求、建议时，父亲仍然有可能坚持劝说，直到达到目的为止。

这已经在一定程度上成了父子互动的一种模式：一方推进、挤压，一方退缩、妥协，这件事情如此，很多事情也如此。父亲是成功了，达到自己的目的了，那么孩子呢？他的感受怎么样？从心理的角度来讲，他不免郁闷、挫败、沮丧——所以他开始的时候表现消极，不参加交谈。

他有损失吗？有，而且很大、很严重。这样的结果，应该是很多父母没有意识到的。

这位父亲的做法并不鲜见。我们很多父母不容易听取和接受孩子的拒绝，很多时候连问都不问孩子拒绝的理由。

主观上，我们无疑是爱孩子的；然而，客观上，我们关心的还是自己的想法、议程、目标，甚至潜在的还有我们的方便、面子，而忽视、遮蔽了孩子的想法、日程和安排，由此，向孩子传递了很糟糕的信息。传统上，很多父母也不会征求孩子的意见，更多的是把决定和要求告诉孩子。今天仍然有不少父母采用这种方式，由此引发和孩子的很多冲突，在此不多言。

也有很多父母像这位父亲一样在表达的形式上有改进，把要求、决定“打扮”成建议，用商量的语气，采用疑问句式，比方说，我们可能不像传统父母那样发号施令：“今天晚上去王叔叔家吃饭！”而是用温和的语气说：“今天晚上去王叔叔家吃饭好不好？”看似征求意见，理论上孩子可以说“不”，但我们并没真正准备接受否定的答案。

就此而言，我们和传统父母并没有本质的区别。都是想贯彻自己的想法，无非达成目标的方式有别而已，对孩子的遮蔽、控制更隐蔽，孩子更难抵制和反抗。

我们的观点、想法、要求的“成功”，是以牺牲、遮蔽孩子的感受和主权为代价的。久而久之，孩子会觉得，父母不会听取和在乎自己的想法，自己的想法无关紧要。因此，干脆不积极表达，关闭沟通的大门，用“随便”“无所谓”回应父母的问题，以致父母无法探知他们真实的想法，不了解他们的喜怒哀乐。血缘亲情仍在，精神、情感上却已经不同程度断了联系。更严重者，孩子会怀疑自己想法和主张的合理性，从而断绝与自己内心真实感受的连接，成为精神、心理障碍患者。

儿童、青少年在与父母的相处中学习社会交往的方式。他们在家庭里习得的互动方式很有可能被带进社会交往中，不愿意、不会或者不敢表达自己的真实想法和诉求。在人际关系中表现得消极、被动、懦弱，或者容易人云亦云、被人驱使，不敢捍卫自己的权利，做违背自己内心想法的事情，内心愤怒，有牺牲者、受害者情结。

试想，在我们的很多关系中，我们要么处于故事中父亲的位置，忽视交往对象的想法、诉求，以貌似礼貌但坚决、不容置疑的方式实施自己的议程，包括劝酒、劝菜，或者强行灌输自己的观点、主张，直至勉强别人接受自己的感情。

当然，我们有最良好的出发点，主观上都是为了对方好。但是，不能因此否认我们勉强、遮蔽别人，因而扭曲、干扰和破坏别人本意和主权的事实。我们很多人也都可能在另外的时候处于这个故事中儿子的位置。我们也知道别人是出于好意，担心自己不接受、不同意会拂了别人的好意，被认为不知好歹，怕让别人不开心，怕伤害感情、关系。于是，我们把自己的真实感受、想法和安排放在一边，首先满足别人的要求、愿望，久而久之，这也会成为一种习惯性的人际交往模式；久而久之，我们听不见自己的声音，自我被成功地淹没。

那么，我的解决办法是什么呢?

我认为，双方都可以成为主动打破这种交往模式的行动者。有觉知的人可以在任何关系，尤其是我们最容易“妄为”的夫妻关系、亲子关系中，学会倾听和接受对方拒绝我们的建议、希望、要求，给对方最多的尊重、主权。对方的事情让对方做主，共同的事情商量着办，不强行推行自己的主张。比方说，这位父亲可以告诉儿子：“王叔叔邀请我们今天晚上去他家吃饭，你可以参加吗？”如果儿子说：“我不想去，你一个人去好不好？”父亲可以愉快地接受，然后各自行动。父亲也可以和颜悦色地问问儿子不想去的原因。除非让儿子觉得他不想去的顾虑、困难都可以消除、解决，否则，还是以尊重儿子的决定为好。

如果以“王叔叔”的感受为由，以及潜在的父亲自己的面子为考量，劝说儿子参加聚会，哪怕客观上对孩子有好处，即便孩子去了以后感觉还不错，也不能合理化当初对孩子感受和主权的不尊重，及对他自由意志的扭曲。若如此，也不是在真正地爱孩子，也可能在根本和长远的意义上伤害孩子，其结果可以说是丢了西瓜捡芝麻。

孩子和处于被劝说者地位的人也可以主动捍卫自己的观点、主张、决定、权利。友善、坚决地表达并不必然破坏关系，还可能促进理解，缩短沟通链条，减少沟通成本。当然，如果仅仅因为自己的不接受、不顺从，对方就觉得受到冒犯、得罪，那就尊重好了。那是对方的自由和主权。

曾经在一个社交场合，主人热情地给客人布菜，轮到其中一位客人时，他先是婉言表示自己来，主人却置若罔闻，继续给他夹菜。他放下筷子，看着对方的眼睛，表情严肃地说：“请你不要勉强我好吗？！”主人愣了一下，终于意识到客人的表达是认真的，不是言不由衷的客气，马上道歉，不再布菜，请客人们自便。

我也是逐渐学会了直言拒绝别人好意的方式。开始的时候有些不习惯、忐忑，逐渐就习惯、自如了，人际交往也变得更轻松、愉快。久而久之，在自己说“不”之后，基本就不再有人劝说了。我们的文化把那种开始拒绝，别人劝一劝就改变自己主张的人形容为“耳根子软”。平时耳根子软，也许无伤大雅，在关键的时候，可能会有很严重的后果。

有位长辈本来是想在家死亡的，这是她根深蒂固的文化观念。到了临终的时候，儿女劝劝她，她去了医院；经过一段时间的治疗，她觉得没有意义，要求回家，儿女又劝一劝，她又留下来了；后来，她表达不想输液、不想输血，但都没人听她的，觉得她说的是假话。最终，她接受了很多她明确表示不想要的治疗，也没有如她念了一辈子的那样在家死亡，而是死在了医院。

是的，如果我们自己不做主，别人就会为我们做主。

批评不等于教育

——作为教育理念与方法的“批评教育”之我见

去年盛夏的一个上午，我和夫君正驱车在法国北部乡间，接到在某跨国公司任职部门老总的朋友S微信。她的两位年轻同事为争取客户发生冲突，演变成对骂互殴。按照劳动人事纪律，管理层决定将两人一起开除。

S能体谅首先打人的员工，因为她能认识到自己的错，她准备替她说情，改开除为警告处分，继续留用。S对被动还手的这位感到头疼，她说该女“充满戾气”“拒不认错”“扬言诉诸法律”。她觉得这位同事应该学会从自己身上找问题，学习正确选择而非以暴制暴。她希望就如何“开解”——我理解是委婉表达“批评教育”——此位女士听听我的想法。

我希望帮助身为领导的S，同时希望帮到那位素不相识的女子，为此，我首先要理解后者的心理状态。我发觉自己对这位情绪中的女子产生了深深的同情：一个职场打拼的年轻女子，人际关系经验不足，受到同事责骂和身体攻击进而本能还击，却要承受被开除的重罚，领导还希望她认识错误、接受教训。

此刻，心理受伤、情绪激动的她断然听不进去。她感到的是人心险恶、世态炎凉，觉得受到极不公平的对待，世界近乎崩溃，人也处于临战状态。她不需要也听不进开解，这只可能是进一步攻击，会造成更深的情绪对立；她需要同情、关爱、真诚且有意义的帮助。这些可以平息怒火、疗愈情绪，让她感受到善意、温暖、接纳，也许自然就会后悔、认识到S希望她认识的问题。

思想至此，同身为教授、对中西方教育都有深入观察的夫君讨论我的思路。然后回复S，请她换位思考，真心同情、理解、接纳同事，帮助她平静情绪、恢复信心；我建议S约上她，对发生的事情表示遗憾，倾听她的想法；听的过程保持同情心、同理心，不插话、不论断，然后真诚询问是否能够提供帮助，比如推荐新的工作机会、写推荐信什么的。

S欣然采纳建议，赓即付诸实施，很快回复“谈得非常好”。我为一场微型“战争”的轻松解除感到欣慰和喜悦，为S和她同事。

故事并未到此结束，高潮还在后面。半年后再见，S兴奋地谈起后续故事——她的姿态和交谈方式改变后，无须开解，同事就主动承认了自己的错误，表示理解和接受公司处罚。S见她诚恳认错，考虑到她往日工作积极、业绩不错，遂请公司收回成命，同事保住了颜面和工作。未几，S离开公司，去到其他机构任职，该女生继续跟她保持联系，成为她带过的员工中关系最亲密的一个。

这是一个皆大欢喜的多赢结局。S的善意表达启动了一连串的善意、善举。作为这一善举的过程中的一环，我感慨不已、无上喜悦。

本来，故事完全可以是另一走向和另一结局。领导者S大可采纳人们惯常的批评教育之道，指出错误、要求承认、宣布处罚。但是，她没有。

“批评教育”是我们自小熟悉的教育理念。不过，作为被批评者，我自小便只有反感和抵触，后来开始怀疑其效果：批评带给被批评者羞辱和心理伤害是真，教育效果更值得怀疑。可惜，直到今天，这一做法仍在学校、单位、家庭、社会广泛施行。

回忆起来，听到S的讲述，除了咨询师视角，我自身的相关记忆也被唤醒了。作为年少时被“批评教育”的对象，“犯错”的情形有两类。一是我自己也承认的错误，被发现、被“批评教育”，虽然面子上很不好过、自尊心很受伤，但心里是有歉意和悔意的，虽也未必情愿，但认错不那么难。S那位引发冲突的同事应属这种情况。她知道自己有错在先，易于接受和承认，也很快得到领导谅解，获得“坦白从宽”的待遇。有时候，错事被发现又能得到“宽大处理”时，当事者往往自责愧悔，对师长心怀感激，会自觉以这样那样的方式表达歉意、悔意，包括认错、道歉及用更好的行动、更符合期待的表现去回报“不杀之恩”。

我做师长的时候，常“宽大处理”犯错者，这源于个人体验，算是推己及人。

另一种“错误”，是自己并不认同师长判断，对事情性质的认定存在分歧，觉得被冤枉。此时被不分青红皂白地“批评教育”，就会觉得委屈、气愤、怨恨——特别是师长不问经过，凭一面之词和主观判断责骂批评，还不允许陈述事实、说明情况，将其归于“狡辩”“不老实”“不虚心接受意见”。

我清晰地记得小时候被“批评教育”时的无地自容感，天崩地裂、恨火中烧，心里忙着辩解、回骂，感觉不公平、倒霉，期待有朝一日怎样报复，哪里听得进批评？批评者的教育目的很难达到。

从小厌倦“批评教育”，成年后的相当一段时间，我严防死守捍卫个人尊严，拒不接受所谓“批评教育”。曾在一位领导试图“批评教育”我时，放下手头工作，一言不发地离开，把他一人晾在那里。硕士研究生阶段应聘到一家公司做董事长助理。这位先生是出名的暴脾气，公司从常务副总以降悉数被他骂得鸡飞狗跳，笨、猪脑子、蠢到家之类极尽贬损、侮辱的话子弹般嗖嗖飞出。那时的他有如暴怒雄狮，脸红筋涨，五官扭曲。对于和他相处我有担心，也在想如何保护自己。

入职前一天他找我谈话，工作、待遇都愉快谈妥后，他主动提起脾气问题："我这个人是个狗脾气，如果以后工作中，我不小心冲撞了你，你会原谅吗？"这是一个严峻而实在的问题，我决定诚实说出真实态度，为彼此画下未来相处的原则界线。

我看着他的眼睛回答："绝不！"

他顿时眼睛瞪得老大："为什么？"

我说："很简单，如果我没错你凭什么骂我？如果我犯错，第一，你不会认为我是故意的吧？知识、能力欠缺导致的出错在所难免，那不是领导没有知人善任吗，领导你不也需要承担部分责任、自我批评吗？第二，批评责骂除了发泄你的情绪，伤害人、羞辱人，能达到什么目的、解决什么问题？"一向口若悬河的他愣在了那里。

在以后大约一年的合作中，他继续不分场合肆意责骂公司几乎所有的人，却从来没有骂过我和公司的法务助理。由于难以控制脾气，有能力的人很难长期合作，公司人员流动频繁，被戏称"黄埔军校"。留下者大多能力有限，对公司的忠诚度不高，基本上奉旨办事、得过且过。多年过去，作为最早投身市场经济的企业家，他至今没有建立一支稳定的团队，企业也没有大的发展。

从小到大，见过太多以"批评教育"之名——老师痛斥学生、家长怒骂孩子、领导呵斥下属、长辈申斥晚辈的情形，对自以为拥有"批评教育"他人权力者也有所观察。他们有一些共同特点：第一，缺少平等意识，居高临下，自我崇拜、自我授权，有意无意以绝对真理掌握者自居，把个人主观标准作为普遍真理；第二，势利、看人下菜碟。对上，天大的错误也不会、不敢指出，并多有曲意奉承、唯唯诺诺、唾面自干之态，然后在权力的下位者处找补尊严、滥施威仪；第三，不关注被“批评教育”对象的人格与自尊心，任性放纵地予以践踏；第四，“为你好”的说辞在道德上相当虚伪，往往不敢面对自己被责骂时的心理感受，也未必关心“批评教育”的效果，只顾着发泄情绪；第五，张狂的心理机制是自卑偏狭。

我对我们社会普遍存在的“批评教育”模式深感痛心，对受害对象深感同情，亦对实施者抱有同情和体谅。他们大多并非故意，而是不知更好的方法，又缺少反思精神和对他人以及自己言行的第三方视角。若是把他们慷慨激昂“批评教育”他人的场景摄录下来，他们恐怕很难为自己的形象骄傲。

可喜的是，已有有识之士对此反思，会反观检视自身言行，意识到不可随意闯入他人的精神世界横冲直撞。但与此同时，也有人走到另一极端，担心造成心理伤害，害怕破坏人际关系，不敢不愿指出下属、子女和亲友的错误，甚至提供虚假的注水赞美，虽获得表面和气，却失去了真诚坦率、客观如实地认识自己及丰富修正自己的机会。

年轻、脆弱的时候，我敏感而坚决地保护自我边界。彼时的赞美认同非常重要，鼓励自信，也展示和照亮了努力的方向。准确记得从什么时候开始，我意识到异议和批评的巨大价值，比如，扩展思想的边界、丰富深化视野与见识。我开始渴望听到批评和异议，不去怀疑、追问动机，也不在意批评方式。一位挚友曾当着几位朋友的面激昂地指出我“有时候也相当俗气”，他发现我认同一些主流价值观和标准。有那么一两分钟，我感到吃惊，脸红耳热，却没抗辩。稍一思索，我觉得这是很痛切、中肯的批评，是一位对我有深刻观察、严肃待我的真诚朋友给我的棒喝，是我听过的最重要的一个批评。我坦然承认，衷心感谢，从此采纳了这个视角，以此审视自身言行。

坦率、真诚的批评很重要。不过，对大多数人，批评不是问题，批评的出发点和方式却值得考究。能够承受当头棒喝者是少数，以和风细雨之法收春风化雨之功更适合大多数人。

我想，出言批评之前或当问问自己为何这么做？是感觉受到忤逆、冒犯，为了彰显权威，还是真的为了对方的利益与成长？也不妨审视一下内心情绪，是爱还是恨，是否做到基于爱的如是接纳？我相信，怀着爱，基于对方的利益与成长，考虑对方的接受心理，以其能够理解、承受、接纳的方式表达建议与异议，一定可以达到帮助效果，还能促进彼此关系。

用善意的方式表达善意，用爱的方式表达爱吧。不被理解和接受的爱，最终导致的是对对方心理和彼此关系的伤害。

批评，贵在善意中肯

一、对待批评的两种态度

传统父母相信“谦虚使人进步”，为让孩子谦虚谨慎、戒骄戒躁，应该经常批评；不仅自己批评，还要求孩子自我批评；不仅言语批评，还会棍棒加身，坚持“板子头上出好人”。

今天，越来越多的父母认识到表扬的价值。有些父母接受赏识教育的同时走到另一极端，忌惮批评，担心伤害自尊，影响亲子关系，即便孩子犯错也听之任之，不敢批评、不予批评，养出“玻璃心”和“熊孩子”。

作为教育方法的批评与表扬，当代西方心理学研究结论与中国传统观念可谓针锋相对。20世纪80年代，美国心理学界发起“自尊运动”，即“人人有奖运动”，批评被边缘化。的确，作为一种消极的强化方式，批评带来压力，令孩子紧张。美国儿童发展障碍诊断治疗专家、《直觉养育的力量》作者斯蒂芬·卡马拉塔教授指出，除非必须，尽量少用、不用批评。他认为，一般来说，每指出孩子的一个缺点，至少要找出四五个优点。另外，不可一次指出太多不足，以免孩子觉得自己是坏孩子，陷入消极怠惰。

然而，他同时指出，批评是一种必需且有效的教育手段，不可完全回避。近年来，美国心理学界、养育界又发起了对赏识教育的反思，重新重视批评。斯坦福大学前新生教务处长朱莉·利斯科特—海姆斯认为，美国千禧一代的父母受到误导，没有把握好表扬和批评的尺度，导致严重的养育危机。

美国调查记者阿曼达·里普利在《世界上最聪明的孩子》一书中追溯“自尊运动”的前世今生，认为这项运动抑制了学术进步。心理学家哈拉·罗拉诺质疑那种“为让孩子成功，要保护他们免受竞争甚至事实伤害”的说法，认为这是一种“侵略性养育”，将诞生一个“懦弱的民族”。她的预言已然体现，千禧一代成长不佳。谷歌的一位高级经理给年轻员工提出建设性反馈时，常听到这样的话：“什么？不可能。我以前从来没有得到过类似反馈。那一定是你的问题，或者是谷歌的问题。”

迷信赏识教育与迷信批评教育都存在理解偏差的问题，前者过于排斥批评，没有认识到批评的必要性；后者过于依赖批评，要避免滥用。两者都当学习合理且有效的批评之道。

二、批评的正本清源

许多人都错读批评，误把指责、吼叫、羞辱、打骂当作批评，掩盖了批评的真实价值，也导致很多人不会批评，对批评的正本清源迫在眉睫。按字典释义，批评指评论、评判。作为生活习语，批评专指“对缺点和错误提出意见”。

孩子的成长过程，父母不啻是人生教练。成长的必经之途是犯错，每个人都是在犯错中长大的，经由尝试–犯错–纠正–改进，一步步修正错误。养育者的重要任务之一是帮助孩子从错误中学习。

有觉知的父母知晓这个道理，不会指望孩子不犯错，更无这样的要求。也会对孩子犯错持平常心，创造安全、包容、接纳的交谈空间，坦诚指出缺点错误的同时倾听孩子，着眼于积极商讨解决办法，帮助孩子向前看并纠正错误。这一过程既能培养正确的价值观，学习行为规范，也能帮助孩子形成抗挫力，建构成长性思维——不怕失败、敢于尝试、乐于创新，不纠结于挫败，而是自失败中吸取教训的思维模式。

缺少觉知的父母不允许子女犯错，但凡遇到成绩不好、上课没听、作业没交、同学矛盾，房间凌乱等情形，都会着急上火，疾言厉色，以为这就是“批评教育”。

其实，这实在是对批评的极大误解和滥用。

批评不是指责，不是抱怨，不是批判，批评不是贬义词。可实际生活中，许多人恰把指责、抱怨当作批评，伤害孩子与亲子关系，甚至导致孩子厌学、悲观、抑郁、自杀。在公共生活中，也有不少人把批评等同于批判，用指责、抱怨代替批评。

吼叫、打骂不是批评，是批评的失控与滥用。情绪化的批评往往事与愿违，但那不是批评的问题。

三、有效批评

如何进行有效批评?

首先是态度上要确保自己处于理性状态，切忌情绪化表达；确保自己出于爱和善意，为了帮助孩子，而非基于怨恨的发泄怨气。

技术方面，一要弄清事由，切忌乱下结论。发现孩子“犯错”不能只看结果或单一事实，忽视对过程的调查研究。根据某一环节主观推断误下结论，硬性批评会给孩子带来很大的伤害。看到孩子“犯错”的现象，不要急躁惊慌，更不要立即粗暴批评，应当沉着冷静，耐心听完孩子的讲述和解释，自多个角度深入调查分析，再做判断。对错误给以合理且恰当的批评，以免误会造成后患。第二忌言语啰唆。批评不在话多，而在言简意赅、一语中的，让听者在较短时间内获得较多的信息，避免啰唆稀释有限信息，让人感到枯燥厌倦，这是妨碍孩子接受意见的主要因素。第三应当寓贬于褒，切忌讽刺打击。情绪愉快时更能接受意见，沟通大师戴尔·卡耐基说："在传达令人不愉快的看法之前，先表扬优点，这有助于别人接受意见。"把批评变成欣赏，在缺点中找到闪光点，会激励孩子改过自新，甚至取得意想不到的进步，这是放大效应。

实际上，在我们犯错时，帮助我们认识错误、教我们改正错误的人亦如给予真诚表扬的人，都是燃灯者，照亮我们，是成长途中的灯塔。

表扬，贵在真诚如实

针对表扬的积极作用，有研究者曾做过这样一个有名的实验。他们随机抽选一部分学生组成一个新班。孩子们被告知，他们是老师选出来的优秀孩子。老师经常赞美他们，孩子们的成绩果真越来越优秀，比“普通班”的成绩高出一大截。表扬是一种有效的教育方式，有助于培养自信心、抗挫力，塑造良好品德和行为。

传统观念认为，不能表扬孩子，孩子会翘尾巴、得意忘形、骄傲自满，而骄傲使人落后。寓言故事《龟兔赛跑》中的兔子就是骄傲自满最终落败的典型。我们文化中还有“出头的椽子先烂”“枪打出头鸟”等训示。

为避免孩子的光芒被人看见，招人嫉恨，传统父母倾向于掩盖孩子的优点，不仅自己不表扬孩子，面对他人的表扬也会矢口否认。我妈妈就是这样，很小我就挖空心思想得到她的表扬。

我清楚地记得五六岁的时候，因为她夸我表妹懂事，会照顾自己的妹妹，我就非常羡慕表妹，非常遗憾没有弟弟妹妹，没法证明我也可以像表妹一样给父母分忧。所以，我常往姨妈家跑，和表妹抢着背小表妹，还特地背到大人们干活儿的地方。谁知不仅没有得到表扬，妈妈还说我傻，我不明所以，真是郁闷极了。八九岁时，我端着衣服去溪边码头洗，邻居夸我勤快能干，我妈却说我就是图好玩儿，洗又没洗干净，等于是把衣服打湿一下，过后她还得重洗！我在旁边既尴尬又愤怒，像霜打的茄子，星空都暗淡下来。

20世纪八九十年代以前的中国孩子恐怕都很少得到父母表扬，很多人都像我一样有表扬饥渴症。

高一的时候，父亲的大学同学、明史学者王叔叔到我家做客，夸我长得“俊秀”，我当时的心情只能用又惊又喜、难以置信来形容。妈妈一直嫌我瘦（在那个饥饿的年代，胖才是美）、皮肤黄，五官不如两个早夭的姐姐。我一直以为自己是丑小鸭，对长相很是自卑。王叔叔一走，我马上找来镜子左照右照，想确认叔叔不是随口说说的。王叔叔的赞美对我的鼓励非常大，他大概不会知道，他一句话扭转了一个女孩子的自我认知。

成年后，我得到很多表扬。对所有表扬我的人我都心怀感激，他们的认可肯定温暖我，鼓励我，帮助我认识自己的优势和潜力，增强了我的自信，等于给我注入了积极的心理营养和成长动力。在我二十来岁的时候，一位八十多岁的退休语文老师告诉我：“你说话不像一般人，词汇很丰富，表述很准确。”他的表扬提醒了我，从此有意识地在交谈中避免重复词语。同事、友人夸我讲话的语气、语音、语调好听，在带来良好感觉的同时也促进我在言谈中留意这些因素，提升了我的沟通能力。

切身体会到表扬的巨大好处，我也注意发现他人的长处与优点，并且一定如实相告。对于处于成长阶段、自信心不足、境遇不佳的人，尤其如此——这等于是心理意义上的雪中送炭，就像当年的王叔叔之于我。

今天，否认表扬价值的父母已经不多，越来越多的父母接受了“好孩子是夸出来的”这个观点，赏识教育渐成养育时尚，有被滥用的危险。研究表明，不当的表扬也可能适得其反，增加孩子自满和自卑情绪，变成心理负担，让他们为了寻求肯定而做事，容易产生虚荣心，不利于培养抗挫力。

有觉知的父母在表扬的时候会注意以下几点：

一、贵在真诚，忌无中生有，夸大其词

有的父母会投射，本来孩子不具备某种优点，父母希望孩子有于是硬说孩子有。更多的时候，孩子只是做了一件小事，我们就用上最高级的表扬。《如何让孩子成年又成人》作者朱莉·利斯科特一海姆斯指出：过分赞美孩子，把他们做的每件事都说成是“伟大”“完美”，那就给了他们一种错觉，无法

让他们了解到，有一天进入真实世界后，实现目标是需要付出努力的。

言过其实的赞美好比表扬的通货膨胀，只是听起来很美，或者类似以高昂的价格交换量少质次的物品，名不副实，对孩子并没有好处。甚至也无助于父母获得孩子的尊重、信任，因为他们会认为父母浮夸、不诚实，或者没有良好的判断力，他们也不会认真对待父母的表扬。

二、夸具体不夸全部

很多家长习惯夸孩子“真棒！”“真好！”“你是最优秀的！”，这样抽象笼统的表扬会让孩子不明就里。也许孩子只是端了一次饭，妈妈与其兴高采烈地说“好孩子，你真棒”，不如告诉他“谢谢你帮妈妈端饭，妈妈很开心”。有针对性的具体表扬会让孩子更容易理解，并且知道今后应该怎么做，如何努力。

美国著名发展心理学家、《直觉养育的力量》作者斯蒂芬·卡马拉塔指出，针对“你真棒”之类表扬的研究表明，即便话语是积极的，期待的行为（更多的智力操练，或者持续的良好行为）却减少了，所以表扬其实起到了惩罚的作用。他同时提醒父母，任何奖励，如果给得太频繁，也会失去影响行为的力量。形容这种情形的技术术语是厌腻。有些小孩才六七岁，就已经

“屏蔽”父母的表扬了。他们厌腻了表扬，父母的表扬无异于背景噪声。也请记住，父母的关注和回应本身就具有强大的奖励效果。孩子给你看他最新的手指画时，你最好能克制住想说“你就是下一个毕加索”的冲动，不妨问问他画的是什么（如果你看不出来），为什么用这些颜色，画画的时候怎么想的，等等。一言以蔽之，对她的画表现出真正的兴趣，就是“表扬互动”。所有人（儿童尤甚）都喜欢别人对自己和对自己在做的事情感兴趣、好奇。我们为这样的人所吸引。

三、夸努力不夸聪明

“你真聪明！”是家长惯用的另一种表扬语。斯坦福大学心理学教授卡罗尔·德韦克花费10年时间，对纽约20所学校、400名五年级学生做了长期研究。发现得到“聪明”评价的孩子往往在后续任务中表现不佳，他们会选择较容易的任务，避免产生让人觉得他们不聪明的证据，而表扬努力则给了孩子一个可以控制的变量，让他们认为成功在自己的控制范围内。天生的特质不在孩子控制范围内，对它的强调容易使孩子感觉自己对事情没有控制力，无助于孩子形成自我效能感，这种评价也不是帮助孩子应对失败的好办法。

有心理学家也不主张夸孩子外貌，因为外貌的好坏也不在孩子的掌控范围以内。另一方面，这样的夸奖也有让孩子过于注重外貌的危险，产生忽视内在素质提升的不良后果。

四、夸事实不夸人格

“好宝宝”这样的话是典型的“夸人格”，家长们会无心地将其挂在嘴边。“好”是一个很虚无的概念，如果孩子总被扣上这样一顶大帽子，对他反而可能是一种压力。成年人也是，当领导不断夸奖你时，开始还会沾沾自喜，但慢慢地就会感觉到压力，甚至不想做得完美，以便得到喘息的机会。

五、表扬要及时

这一点在行为心理学的强化理论中能找到依据。表扬的最佳时机是对方出现某种好行为的时候。比如，孩子今天写完作业主动把书桌收拾好了，那么这时候我们就要尽快表扬，而不要等到明天或者更晚的时候才想起来表扬。及时的表扬在孩子良好习惯的形成和保持方面有重要意义。

针对不同年龄段的孩子，如何给予有效的表扬呢？请参照朱莉·利斯科特—海姆斯示范的方法。她特别强调，在学校和活动的成绩成就领域，具体针对所完成任务的赞美更具爱心，更有助于强化目标行为，培养抗挫力。例如，对小孩子：我喜欢你那幅画使用的颜色。对小学生：整个芭蕾舞表演过程中，我发现你都按照老师的要求，翘着脚趾。对初中生：你用胶枪制作学校项目，把握得非常好。胶枪用起来是很棘手的。对高中生：你关于《大鼻子情圣》的论文详细描写了大鼻子情圣的情绪波动，你真的深入他内心了。这样的特定细节化表扬有助于培养孩子的自信心，因为这表明我们用了一点儿心思，看过孩子究竟做了什么。

表扬的目的是增加意欲的行为，在以上案例中，即让孩子以积极的方式创造性地表达自己。最终，希望孩子获得表达自己的自信，坚持创造性努力，遇到挫折、挑战和他人不同的看法时有韧性。

长远来看，培养孩子自尊的是那些行为和能力，而不是空洞地表扬。也请记住，孩子做事的时候，哪怕做错了，哪怕没有达到预期目标，父母表达的关注和兴趣本身也是一种表扬。事实上，这种时候正是奖励恒心和韧性的宝贵机会，表扬孩子投入的努力，鼓励他继续努力，或者建议他换一种方法。父母的持续参与让孩子明白，犯个错误并不是什么世界末日，不至于让你觉得他不那么聪明，不那么棒。

表扬真正的努力，而不是空泛的特质。告诉孩子：“你的尝试很好，能换一种方法做吗？”而不要说“你真是个天才！”错误是学习机会——只要孩子不停止尝试，刺激人类大脑奖励中枢的后果多不胜数。除了口头表扬，父母的微笑、关注、得到玩具、拥抱、去公园、去游泳池、去祖父母家……这些都是潜在的奖励，都可以起到积极强化的作用。

当然，要力戒把表扬作为操控孩子的手段，这既不真诚、善意，也会被识破，最终无效。

少年撒谎、偷盗……尝试自杀——解码与解决

一

习惯性撒谎。

多次偷盗——两次被发现偷同学的手机、偷奶奶的钱。

沉溺游戏——偷手机是为了打游戏，偷奶奶的钱是为了买手机。

学习动力不足，精神涣散，成绩下降。

不服管教，与父母几乎每天都有程度不同的摩擦、争吵，有时候与父亲对打。

不止一次尝试自杀，几次留下遗书，表示人生没有意义，不想活、活不下去……

这些问题，任何一个都足以令父母惊慌、焦虑，而它们不仅同时出现在一个孩子身上，程度还都不轻。父母自然焦虑万

分，不知道该把这个孩子怎么办，不知道他是不是还有药可救。

二

小朦是初二学生，15岁左右。

眼前的他身材瘦弱，脸色苍白；声音细如蚊蚋，口齿有些含混；坐在沙发上身体蜷缩，双手抱头，不肯看人；交谈的前半段，眼泪一直像断线的珠子，哭得抽抽噎噎。

你会感到他承受着千钧的压力，极度无助。

他自诉学习压力大，父母不信任，自从一年多以前添了小妹妹以后，更是觉得父母偏心，冷落、忽视他。

父母承认给小朦的压力很大，从洗脸刷牙之类的日常生活琐事，发型衣着之类审美范畴的事务，到学习、课业大事，标准高，要求严，言语粗暴，沟通方式以指挥、命令、吼叫、呵斥为主，体罚的事也时有发生。

孩子痛苦不堪，父母苦恼不已。

三

咨询师把解决问题的重点放在解除孩子压力，消解自卑、羞愧等负面情绪上，恢复他对生活的信心和希望，同时，随机通过具体、典型事例，让父母意识到，孩子问题的根源，在于父母的直升机一专制粗暴的沟通方式。解决问题的根源在于父母，同时赋权孩子，勇敢表达，以此捍卫自己，帮助父母改变。

孩子的状态和行为，与父母的养育方式息息相关。专制粗暴、直升机式养育缺少平等、尊重，父母单方面提出高标准，考虑孩子实际情况不多，管控过严，导致孩子压抑、愤懑、反抗；缺少对孩子的倾听、体察，忽视孩子的要求、诉求，导致尚不成熟的孩子明修栈道不行就暗度陈仓，采取破坏性手段达到自身目的，在满足自己愿望的同时，也给自己带来极大的压力和困扰。

父母认同咨询师对养育、沟通方式问题的判断，愿意更多地尊重孩子的人格和对独立、自主的需求，更多地尊重、倾听孩子，建立平等的沟通、协商机制；孩子认识到自己的权利、责任，愿意勇敢、坦率地表达诉求和不满，愿意接受平等协商，他甚至主动要求父母管教。

父母和孩子一致同意，把父母要孩子学，变成孩子自己要学；把父母的“我要管”，变成孩子需要时请求父母的协助；如果孩子自我管理效果不好，父母有权过问，仍然是通过平等协商，达成整改目标和措施。

孩子的主体性、独立、自由、自主需要得到承认和尊重。

一旦与父母达成了沟通，孩子认为学习并不是问题，也建立起对父母的理解和体谅。

本文重点分享咨询师对孩子撒谎问题和偷盗问题的分析与处理。

四

孩子撒谎的问题，令父母非常头疼、愤怒，给孩子极大的压力，是本文分享的两个重点之一。

父亲直言小艨是一个撒谎成性的孩子，对他能够改变撒谎恶习几乎不抱希望。

在我看来，未成年人撒谎的问题，一般而言，是弱者出于自保的消极抵抗策略，根源在于对成年人身、心处罚的恐惧，是亲子之间缺少沟通、沟通失败的结果。本书中《孩子的谎言：弱者的消极抵抗》和《撒谎的往事怀想》中有详细的分析。

我请父亲举一个例子。

昨天晚上，他问儿子："你洗脸了没？"

儿子毫不犹豫、斩钉截铁地说："洗了。"

父亲追问："真的洗了吗？"

儿子说："洗了。"

父亲不相信，要求检查。果然没洗。

父亲盛怒，父子之间进而爆发了一场争执。

我问小艨："你明明没有洗脸，为什么告诉爸爸说你已经洗了？"

他说："我怕他骂我。"

爸爸，看到了吗？你儿子惧怕你呢，怕到骨子里去了，你的询问在他是论断和审问、拷问，只要问到的事情是他还没有做、做得不好的，一概给予肯定答复，以说谎应付，这几乎已经成了他的第二本能了。

父亲绝望的是，没洗脸这么小的事情都要撒谎，这个孩子还有什么救药；咨询师看到的是，连没洗脸这么小的事都不敢据实以告，孩子与父亲的关系中多么缺少安全感和信任，父亲在他心中是多么可怕的存在。

我对小艨说："你从过去的经验知道，爸爸不会相信你、会检查你，他一检查就会发现你不仅没有洗脸，还撒谎了，他不是更生气，你受到的处罚不是更重吗？你为什么还继续撒谎呢？"

他说："我不知道。"

"你撒谎是想达到逃避惩罚的目的，对吗？那么，你撒谎经常能够达到目的吗？"

他说："没有。"

我问："偶尔达到过目的吗？"

他说："是的。"

仅仅因为偶尔能通过撒谎来达到逃避、延迟父母处罚的目的，他就愿意不断去尝试，哪怕其实经常失败。

于是我们讨论起撒谎的机制、动力、根源。

显然，孩子撒谎是基于孩子对父母的恐惧，表明家庭内部没有建立安全的沟通机制。孩子怕实话实说会受到处罚，所以，当他的行为没有达到父母的预期，他的本能就是撒谎，这是一个弱者的自我保护机制。

如果父母创造一个安全、宽松的环境，如果孩子犯了错误，没有达到父母的要求时，不会受到各种形式的责罚，包括难看的脸色、从唠叨到责骂之类的言语惩罚直至体罚，而是有理解、包容、支持，让孩子可以坦然、诚实地面对父母，那么撒谎的条件就不成立了。既然条件不成立了，孩子当然就不用撒谎了，所以，解决孩子撒谎问题的主导权，其实是在父母手上。

其实，当孩子被迫撒谎，他的内心压力会非常大。他会有谎言被拆穿的恐惧，即便不被发现，往往也要承受道德、良心的压力，觉得自己是个坏人，是个坏孩子，自我评价会降低，自卑、羞耻，而且，也可能有不敢诚实表达的屈辱感。

所以，让孩子能够坦率地、真诚地、如实地表达自己的失败，告诉父母没有达成他们的要求，这对孩子的心理健康非常重要，为人父母者不能不重视。

虽然孩子撒谎，父母要承担主要责任，但小艨也并非只有消极抵抗一途，而是可以学习积极、坦诚、勇敢地面对。

我握着小艨的手说："没有洗脸，或者考试失败了，或者有其他没有达到父母要求的行为的时候，你无须畏惧他！你要相信，他不能把你怎么样！他不能吃了你，对不对？！如果他唠叨你、骂你、打你，你可以尝试看着他的眼睛，告诉他，'请你冷静！'如果他不能平息情绪，逼迫你，你可以选择求助有能力帮助你的亲人、朋友，必要时，甚至可以报警——但一定不要撒谎，更不要伤害自己的身体、性命！

“你宁可面对实际情况、面对父母可能的情绪失控，也不要撒谎。因为，这会给你自己造成很大的伤害。撒谎给你自己造成的内心压力、羞耻感，比不撒谎可能承受的身体上的暴力，给你造成的伤害也许更大，至少是一样大；撒谎也给你造成巨大的道德压力。所以，你宁愿勇敢地选择承担，告诉他们真实的情况，捍卫你真实表达的权利——这是对你自己尊严的一个捍卫，也可以帮助父母学会平等、尊重地对待你，这对他们也更有益处！”

孩子和父母都认同以上对撒谎机制的认识和解决的办法。大家情绪都放松了一些。

父子争吵的另一个内容是围绕属于审美范畴的发型、着装，审美具有主观性，我建议父母可以建议，孩子不接受，不必多言，更不必强求，父亲认同与接受。

五

偷盗问题给小朦和父母造成的心理压力比撒谎更大。

小朦偷同学手机、偷奶奶的钱买手机，都是为了打游戏。父母对游戏的认识非常主观，严重妖魔化，所以，控制游戏、控制手机近乎偏执。

从小学五六年级开始，小艨像很多男孩子一样喜欢上了打游戏。同学们都在打游戏，如果他不打游戏，就没有办法和他们进行交流，可是父母严厉禁止他打游戏，对他搞坚壁清野。不管是家里的手机、电脑还是iPad，都进行严密控制，他也没有自主支配的钱。

父母叙述小艨的偷盗行为时，他的头埋得更低，更加羞愧难当。

我问小艨："偷盗这件事带给你心理上的压力大不大？"

他说："很大。"

我握着他的手，说："我得说，偷盗是绝对不可以的！偷盗是违法行为，要负刑事责任，会被拘留，甚至被判刑的，这样一来，你的人生基本上就毁了。所以，偷盗这样的行为是绝对不可以的！"

道理小艨都明白。

"但是，"我继续说，"你知道吗？你的偷盗行为，其实你父母也有责任，他们有很大的责任！"

我的说法震惊到了孩子。他马上抬头望着我，我看着他的眼睛说："你有这么想过吗？"

他摇头。

他父母也没有这么想过。

在一般人的心目中，毋庸置疑，偷盗就是偷盗者自身的问题。

其实，一个未成年人的偷盗行为，父母是脱不了干系的。

父母是孩子的管理者、规则制定监督者，孩子是未成年人，没有经济收入，他的合理需求需要得到满足。

孩子看到同伴都有手机，都在玩游戏，他觉得自己也应该有一个手机。如果他请求购买手机，父母置之不理，一口回绝，不予讨论、不予商量，在这种情况下，作为一个没有经济收入的未成年人，作为一个理性并不充分的孩子，他铤而走险，采取下下之策，做了一件他自己也知道不应该、令自己万分紧张和羞愧的事情。

我对着孩子和父母说："他们有责任、有义务养你，这是国家规定的。你提出一个需求、一个请求，他们没有说服你放弃这个想法，又没有满足你的需求，你作为一个理性不充分的未成年人，采取了一个错误的方式，偷盗别人的东西来满足自己欲望，这是错误的。但这是你们共同的错误，父母有很大的责任。既然我们已经找到了事情的根源，找到了你偷盗行为产生的根源、发生的机制，这就是一个可以解决的问题。"

孩子偷盗的问题，仍然是一个沟通的问题。当孩子有需求并提出一个要求的时候，不是说我们觉得不行就断然回绝，而是应该和孩子好好商量，要么就是说服孩子，但这个说服是要用道理来说服，而不是用权力来压服。

如果能够通过道理说服孩子，让他相信他不需要这个东西，这个东西对他的身心健康及学习有危害，最后孩子被说服了，心悦诚服了，并放弃了这个想法，当然就不用买。

如果父母没有说服孩子，无法证明自己的拒绝有充分、合理的理由，在情理上就输给了孩子；或者父母有父母的道理，孩子有孩子的道理，相互之间谁也没有说服谁，这种情况就需要考虑一些折中方案。至于具体的方案要怎么去考虑，需要放在具体情况下进行思考。

比如，父母觉得孩子想要的东西很贵，就可以商量，要不要买便宜的？如果父母是担心手机干扰孩子学习，导致孩子沉溺游戏，那是不是可以共同制定一个手机使用规则，比方说，共同约定每天或者每周打多长时间的游戏，什么时候打，打什么游戏，等等。

父母和孩子都若有所思。

我回过头来对小朦说："如果你想得到一个东西，而父母不同意，你也不用生气、害怕。你可以提请召开家庭会议，对自己的诉求进行商讨。

"你可以提前做一点儿功课，做一点儿研究，准备好自己的理由，用理由去说服他们。你已经是中学生了，不能采用又哭又闹、不讲道理、胡搅蛮缠的方式，这是行不通的。就像你父母不能用权力、用父母的权威来压服你一样，你也不能用哭闹、胡搅蛮缠的方式去逼迫父母。

"或者通过大家的讨论，对要求进行修正。比如，你本来想买某个品牌的东西，但父母觉得那个东西太贵了，或者父母觉得那个东西不够好，都可以调整，达成一个双方都能够接受的结论，买双方都能够认可的东西，或者替代品。

“如果你的理由没能说服父母，反是父母说服了你，你想不出更好的方式去争取他们的同意，你也要接受讨论的结果。可不可以现在不买，等到某一个具体的时间和机会再买，比如，你过生日的时候，考试考得很好的时候……这样一些细节，可以通过大家一起商量来解决。”

说到这儿，父母和孩子双方都觉得这种方法可行，看上去问题能够解决——双方都愿意用平和理性、讲道理的方式来达成共识。看到事情有了解决的希望，小艨和父母进一步放松，情绪渐渐昂扬起来。

如果说父母的忧虑大半解决了，那么，小艨还有一个重大的忧虑未除：关于偷同学手机这件事情，虽然小艨已经道过歉了，同学也接受了道歉，同时答应不把这件事情向班上其他同学扩散。但是，这样的承诺具有不确定性，没人可以100%确保同学真的不会把事情说出去——小艨没有讲，但是，换位思考，可以想见他的担忧。果然，这是他一个极大的心病。如果不解除这个心病，小艨将一直生活在担忧和恐惧之中。

寄望于同学（一定程度上，也包括老师，甚至父母）保密，并不可靠，也表示小艨自己不能坦诚面对自己的错误，不能接纳犯过错误的自己，不仅担忧、恐惧不能消除，自卑、羞愧也不能消除。

我教给他一个一劳永逸的万全之策，助他诚实面对自己和他人、把握主动权、建立确定性，如是接纳自己，真正放下包袱，轻松走向未来。

我说："你知道吗？其实人都是会犯错误的，包括大人也会犯错。但是，犯错误只代表这一个错误行为本身，不代表你这个人。你有过偷盗行为，这并不表示你一直就是个贼，只表示你是一个曾经发生过偷窃行为、有过偷盗别人东西这个行为的孩子。但是，这件事已经解决了，已经过去了，你已经承担了责任，已经道歉了，同学也接受了道歉，这件事情已经结束并过去了。所以，第一，你已经不再是那个贼了，只要你不再偷，你就不再是贼了，你无须背负这样一个负担。

"第二，其实，不管怎么来阐述这件事，不管同学跟不跟其他同学讲，你偷手机这件事都已经发生了——你的确曾经偷过同学的手机。那么，我们需要诚实地面对这样一个事实，如果你可以诚实地面对这个事实，你就不用再担心这位同学会把这件事说给其他同学知道，你也不用把保守秘密的责任寄托在另外一个人身上——这是你无法确定的，也是你无法真正放心的。

"与其回避，不如坦诚地面对这个事实。假设最坏的结果发生，假设同学无论有意还是无意把你偷手机的事说出去了，假定全班同学都知道了这件事，甚至所有的人都知道了这件事，你怎么办？

"我觉得，诚实面对对你来说是最保险的。对你来说，最具有确定性的就是，诚实地面对这件事，也只有这样，你才能在心理上解脱自己。

“你当然不必告诉所有人说，我偷过手机，偷过别人的东西。但是，如果同学们就是知道了，进而在和同学相处的过程中，有人拿这件事来攻击你。比如，同学跟你吵架，他嘲笑你曾经偷过手机，是个贼——这就是你最大的担心，对不对？

“这个时候可以怎么办？

“不要害怕，不要否认，不要逃避，不要回骂、攻击。

“你可以坦诚地看着同学的眼睛，平静、坦率地跟他说：‘是的，我的确曾经偷过同学的手机。这件事同学、老师、我父母都知道，手机当时就还了，我已经道过歉了，那位同学也接受了我的道歉，之后我没有再偷了，我也不会再做这样的事了。这件事情已经过去了。’

“一旦你坦率地承认，同学就很难再拿这件事说事了。你的回答很可能会出乎他的意料。

“如果同学不再继续为这事纠缠你、侮辱你，这件事就结束了。如果对方继续骂你是贼，你可以平静地说：‘你从来没有犯过错吗？我们都曾经犯过错，也包括你，对不对？可能你没有犯过偷手机这样的错，但你一定犯过其他的错。当你改正了，你就不再是犯错的那个人了。是，你是犯过错误的人，但是，你不是那个错误本身。’

“如果同学继续纠缠，其他同学也用这件事来说你，给你造成很大的困扰，你也可以寻求老师的支持，请老师来协调你和同学之间的沟通——对，这是一个沟通问题。”

小艨的老师的确承诺过，以后谁在班上拿这件事说事，老师会协助解决。

然后我说：“再不行，你可以跟爸爸妈妈讲；再不行，你也可以跟彭老师讲——彭老师可以协助你解决这种情况，好不好？”

讨论进入后半段，小艨耷拉着的脑袋开始慢慢抬起来。这个过程中，我也不时鼓励他看着我的眼睛说话，坐直身体，当他有很好的理解，我会跟他握手，说：“没关系，加油！”到这个话题临近结束的时候，他已经完全坐直了。

六

过程中，我们还处理了其他问题。

比如，学习自觉性的问题，父母如何把“我要你学习”，变成孩子的“我要学习”“学习是我的事，我自己负责。我需要你们的时候，我会向你们求助”；父母怎样减少细节控制，抓大放小，让孩子有更多自行做主的自由，更多做决定并承担责任的机会；切忌包办、越位，采用“不断唠叨、天天批评”的方法，给孩子传递一个信息——我不信任你，我不认为你自己可以，我觉得你是一个不能改正错误的人，等等。

最后，我对小艨的爸爸妈妈提出建议：如果要指出孩子的一个问题，请你们同时表扬孩子四个优点。如果我们每天不断地批评孩子，让孩子觉得怎么也不能让父母满意，孩子会觉得自己很差，让父母很失望，生活没有希望，学习也没有积极性。

设想一下，如果父母在单位上天天被领导批评、否认，会不会觉得工作没情绪、生活没意思、日子没法过？

父母同意回去以后每个人找出孩子的十个优点，永远不对孩子说“我不相信你可以变好！”“我永远也不会原谅你！”——孩子会信以为真，绝望崩溃的。

小艨愿意原谅父母过去的伤害，父母愿意从居高临下变为平等对待孩子，大家愿意共同努力，各自承担起各自的责任。

如何制订学习计划、如何劳逸结合、如何接纳小妹妹的问题也得到了有效的讨论和处理。

最后，父母和孩子都恢复了信心，相信找到了方法，认可问题可以解决。

七

咨询师创造了安全的交流环境，在积极、包容、理解的氛围下，各方平等自由地阐述、讨论，从头到尾，整个交谈持续两个半小时。到结束的时候，孩子已经坐直了身体，头也扬起来，可以直视我的眼睛，清楚、爽朗地表达。

在他们离开之前，我问小艨：“你还有压力吗？或者，换一种说法，假如你刚到的时候压力是100分，你觉得现在解决了多少？”

他说：“90%！”

一次交谈解决90%的问题，挺好！

送他们出门的时候，小朦站直了身体，看着我的眼睛，挺有自信地跟我说：“再见。谢谢！”

后来，他母亲给我留言：回去的路上，小朦一路哼着歌。

父母也轻松很多，共同达成了改变沟通方式，践行平等、安全沟通的原则和方法，8天后回访，实践情况良好。

暑假到了，多给孩子一些心理营养

终于到了暑假，不用见到老师了，可以松一口气了。可是，跟父母相处的时间多起来了。与老师相处的压力，旋即代之以与父母关系的紧张。

当今的父母对儿女有很高的期许，为培养子女投入了巨大的财力、精力，相应地，要求也高，学习要好，要多才多艺，博闻广见，既要聪明伶俐有创意，又要对父母言听计从。

现实和理想往往有差距。恨铁不成钢，投入产出失衡，焦虑因此产生。

近日，接待了十来位家长，从他们的口中，听到的都是对孩子的指责，失望之情溢于言表。

我理解父母为了孩子殚精竭虑，希望孩子有个美好前景的急切心情，但我更担心孩子们的心理状态：如果他们在父母口中那么糟糕，听到的都是这里做得不好，那里应该大力改进，随时遭到言语进攻，随时处于心理防卫状态，他们的心理状态能好吗？他们与父母的关系能好吗？

父母爱孩子、为孩子好的主观出发点毋庸置疑，看到孩子成绩不理想，表现不如意，他们希望指出问题，促使孩子幡然醒悟，知耻而后勇，朝着父母设定的理想目标冲刺。不过，情绪化的表达也很可能是在打击孩子的自尊心、自信心，结果破罐子破摔，一蹶不振；有些孩子会内化父母对“失败”悲观、绝望的解释方式，陷于无助、抑郁；怨恨父母、与父母冲突的情况，所在多有，一些父母和孩子关系太差，对于他们的话，孩子本能地排斥、抵触，这样一来，帮助就无从谈起。

遭遇学习困难，考试挫折时，孩子是最难过的人，这个时候，他们最需要的是父母的同情、接纳，明智、有效力的父母会帮助孩子学习用平常心看待失败，协助孩子总结失败的原因，探索走出失败的方法，形成对他们一生至关重要的抗挫力。

父母的指挥、命令、控制不利于孩子的情绪健康，宜代之以平等、尊重、倾听；否定、批评、论断容易导致反感、退缩，而肯定、赞扬、认同有助于心理建设。

语言是有能量的。如果把我们一天对孩子说的话录下来，以第三者的角度听，可能都会吓着自己：我们传递给孩子的负面能量那么多，正面能量却那么少。

美国儿童发展专家、《直觉养育的力量》作者斯蒂芬·卡马拉塔教授建议，每指出孩子的一个缺点，同时起码要指出孩子的四五个优点——因为只有这样，孩子才能对自己有信心，也才有继续前行的决心和勇气。

有些父母忽视了孩子的优点，紧盯着孩子的缺点，成了伤害孩子最深的人，说是孩子心理上最大的“敌人”也不为过——也就不难理解，为什么有些父母是孩子最讨厌的人。

即便看到孩子的不足，觉得有必要指出来，也要以不让孩子感到被攻击、被评判的方式指出——这么做，不仅是为了保护孩子的自尊心，也是因为，唯其如此，孩子不处于心理防卫状态，才更容易听取意见，才会觉得父母真的是为他好、希望帮助他。

人生的路不会一帆风顺，养育的一个重要方面是教会孩子积极面对失败和挫折。有的父母习惯采取悲观的解释方式，把孩子的小问题看作大问题，把局部问题说成全局性问题，把一时的问题视为永恒的问题，不考虑外部、客观原因，把问题归咎于孩子的性格、习惯，这样的解释方式无助于孩子积极解决问题，毋宁说直接把孩子推入无助、抑郁的深渊。

聪明、成熟的家长会采取积极、乐观的态度和解释方式，从失败中看到希望，从危机中昭示契机，帮助孩子重拾信心和勇气，继续前行。

这样的父母，才是真正能够帮到孩子的好父母。

当今的孩子几乎没有物质匮乏的问题，物质奖励对他们的激励效果不明显，快乐的边际效应低下。暑期到了，在为孩子提供各种物质享受的时候，别忘了，请给孩子营造一个友好的心理环境。

孩子与世界

孩子被打，打回去总是最好的选择吗？

此文为某次养育沙龙针对父母疑惑的答疑，案例一来自群友阳阳妈妈的讲述。

案例一：

今天傍晚，孩子下楼去玩，回来的时候，很开心很兴奋。他说：“妈妈，今天我没有让你失望，今天易××他们打我，我和他们打架，最后打平了耶，他们可是三个人哦！”

我问：“他们为什么打你呢？”

孩子说：“我们就是你一拳我一拳，打着打着就打起来了。”

我问：“那你以前遇到这种情况会怎么样呢？”

孩子说：“以前的话，我就会大喊，快逃命啊！”

我说：“你今天真勇敢，如果你越逃他们就越会追着你打。”

孩子说：“是的，今天我还差点儿把其中一个打哭了呢。”

孩子平时出去玩，别人不欺负他他基本是不动手的。小区里有两三个小朋友因为经常在一起玩，阳阳下去玩的时候没他们多。他们有时候能一起玩得很开心，偶尔却会一起打阳阳。我知道后跟阳阳说了几次，如果有人真欺负你的话，你一定不要怕，要打回去。并且，如果是几个人一起打你，你不要这个打一拳那个打一拳，抓住其中一个打到他再也不敢动手为止，让他们知道你不是好欺负的。

不得不承认，人性中会有一些“恶”的成分。我觉得，小朋友的世界也是一个小社会，出来混，勇气必不可少，偶尔也要亮亮老虎爪子，不然别人以为你好欺负。

小华解析：

在儿童（包括青少年）的人际交往中，一个不可避免的主题是冲突。

如何处理冲突?

不同家庭有不同的观点和做法。这位妈妈的做法和思考是有代表性的。她鼓励孩子打回去，并且要打赢。我还听过有父母豪气地告诉孩子，给我打，打坏了老娘/老子给你负责！这些家长预设或者认定自己孩子被无理攻击和欺负，是无辜的一方，其他孩子是不讲理和野蛮的侵犯者。

如果其他孩子果然就是不讲理的、野蛮的侵犯者，就是故意找碴儿、就是在释放恶，妈妈的教法、孩子的做法当然无可厚非。问题是，真是这样吗？或者说，总是这样吗？我们的解读客观吗？有没有过度解读和过度反应的可能？

一般来说，人与人之间，能够从发生冲突到动手，并且到恶意攻击的程度，往往都有一个事件发生和发展的过程。

在这个案例中，我觉得了解一下其他孩子是不是一起针对我们的孩子，以及为什么会一起针对我们的孩子很重要。从这一次的情况看，似乎不是几个孩子针对我们的孩子，一开始是大家打着玩儿，并没恶意。这么说并不是完全排除我们的孩子无辜的情况。即便是这种情况，除了“打回去”，仍然可以商讨更好的解决办法。

什么叫“更好的解决办法”？

暴力肯定不是，会导致隔阂、破坏关系的办法也不是。好的办法要消除误会，达成理解和谅解，可以借助语言以沟通实现。孙子兵法说，“不战而屈人之兵，善之善者也”“百战百胜，非善之善者也”，意思是百战百胜并不是最好的办法。为什么？杀敌一千，自伤八百。另外还有可能战而不胜，那就更是次之了。

如果我来教孩子，我首先会告诉孩子，一般来说，我们不招惹、不主动侵犯别人，别人不太容易针对我们。不要在言语和行为上招惹侵犯他人，这是第一个自我捍卫，不给自己找麻烦的要点。第二，如果招惹侵犯了别人，学会道歉，通过协商弥补过失。第三，如果没有招惹谁，没有侵犯别人的自由、权利和利益，别人仍然对自己不好，故意找碴儿，甚至打骂自己，要怎么办呢？

一种可能是避开交往，也许需要大人介入。比如，友好地找到打人、骂人的孩子，和颜悦色了解为什么要打骂自己的孩子？如果没有合理的理由，不是自己孩子的问题，可以提出期望，希望小朋友能友好相处，也可以由大人请小孩子吃个点心，玩玩游戏——这是成人出面帮助孩子建设和维持友好交往。

父母不能一直在孩子身边，教会孩子处理他人的不友好对待很重要。我会教女儿，如果发生这种情况，可以询问理由，了解为什么这样做？可以语言制止，请对方住手。还可以呼救，求助周围的成人。

当然，在此之前、在孩子没有足够能力自我捍卫的时候，需要成人关注——远远观看，发现打架动粗及时出面调停。总之，教孩子面对冲突，要慎用暴力多用头脑，学会积极建立关系，消解冲突。这样，既有利于关系，也是避免危险。万一失手打坏别人，也得承担责任，不是吗？再说，自己也有被打伤的可能。

另外，如果孩子习惯于用暴力解决冲突，也容易让自己陷于麻烦和危险中。所以，父母教导孩子的时候，需要分辨具体情况，各自担责，不鼓励用暴力解决人际冲突。

我再分享一个自己的案例。

我女儿小学二年级的时候，同座男同学把她的书包剪了个小洞。这不是打人，却也是一种侵犯。女儿不知道怎么处理，回家告诉了我。我了解到事情发生之前，女儿对对方没有言语和行为侵犯，没有损害对方物品的历史，也没有包括告状之类容易引发怨恨的情形。

我没对那个小男孩儿做道德推断，我不认为有“坏”孩子，虽然剪坏同学书包的行为肯定不对，那就处理这个行为。并且，处理过程要确保不给孩子造成恐惧和压力，不破坏女儿和同学的关系。

我决定由我出面，既要对方承担责任，也一定是要照顾对方的心理。我问那个孩子：“悠悠（我女儿）平时有没有骂过你？”

他说没有。

我问：“她有没有打过你？”

他说没有。

我说：“她有没有损坏你的东西？”

他说没有。

我说：“你是不是把她的书包剪坏了？”

孩子垂着头说：“阿姨，我错了。”

我说：“好的，那你可以给悠悠道个歉吗？”

他答应，马上道歉。

“为什么要剪她的书包呢？”

“阿姨，我新买了一把剪刀，我想看看它快不快？”这就是小孩子的原因，没有主观恶意。

我说：“好的。这件事我不告诉爸爸妈妈，也不告诉老师，好不好？”

孩子一下就轻松了。

“但是，你剪坏悠悠书包了，你还是要承担责任，好吗？”

“好。”

“怎么承担呢？用自己的零花钱在学校门口的裁缝阿姨那里，请她把悠悠的书包补好。”

孩子马上答应，如释重负。

我也看到，我和阳阳妈妈有一个很大的差异，就是在世界观上我没有觉得小孩子有“恶”，我们对人性的认识有差异。

时间关系，就不深谈人性了。不过，我的看法是，人性善恶并不是固定的，体现善恶的行为跟具体情景有关。如果觉得安全，没有来自外部的攻击，一般不会有恶的表现。恶的表现比如进攻，往往是感到不安全、有外部威胁。基于这样的认识，我自己的安全感是比较强的。我相信，只要我不招惹进攻他人，不妨碍他人的利益，别人一般不会进攻我。

阳阳妈妈：“我小时候见识过人性的恶，有些人会以伤害或者激怒他人为乐。我也在小区看到过其他孩子一起欺负一个小朋友，所以我对‘欺负’这件事比较在意。也可能是因为我儿子比较瘦，性格比较温和，我怕他受委屈。”

彭小华：“你遇到这样的人多吗？你要因为有这样的人，教孩子一种普遍的、基于人性恶的认识并处理人际关系的方式吗？我认为这样的人是很少的，也是不正常的。如果遇到，可以避免打交道。绝大多数人不是这样的，他们只要不被攻击就不会攻击别人。另外，我想提醒，如果要说人性恶，那么，不仅别人有，我们自己、我们的孩子也有，不是只有别人才有，人性是一样的。建议不处理人性，就事论事，处理具体的行为和事情。”

希望通过这样的交流，提供给父母更多的解决这类问题的思路，以便让孩子在冲突中也能成长。

由一块巧克力被偷，谈如何教会孩子捍卫权利与正义

一、得奖的巧克力被偷了

友人的女儿上小学二年级。

最近一次很难的数学考试，在数学老师教的两个班、上百个孩子中，唯有她考了满分，老师当众奖励给她一块巧克力。

她非常喜欢吃巧克力，而且这块巧克力还是老师奖励的，是自己凭实力赢得的。她没舍得吃。她想带回家，跟妈妈一起分享。哪知她出了一趟教室，回来以后巧克力就不见了……她大哭了一场，晚上跟出差异地的妈妈视频时，鼻尖还是红红的。

二、妈妈和老师的处理

友人先问，知道是谁偷吃的吗?

女儿认为是坐在后面的两位同学偷吃的。但女儿在学校没吱声，她不知道该怎么办，等着回家问妈妈。

友人夸女儿很棒，做题肯定很细心，所以才考到满分；然后告诉女儿，会不会那两位同学觉得她成绩好，以为偷吃了她的巧克力会沾上好运气，获得她那样的能力，以后也可以考好成绩，免得回家挨打呢?接下来，友人对女儿说，巧克力被偷就算了，说不定还是好事情呢，因为没吃到巧克力，牙齿就不容易坏啊！最后，她许诺给女儿买更多更好吃的巧克力，还有别的玩具、零食。

友人感觉已经使出了浑身解数，可还是没有安慰到女儿。女儿坚持“这些都不是那块巧克力”，于是她给数学老师打了电话，把事情的原委给老师讲了一通。第二天老师给了孩子一袋奶片，孩子的心情好了一些，但是，她仍然感到困惑：自己没有做错什么，为什么会有这样的事情发生?应该怎么办?

友人自己也感到困惑，希望听听我的看法。

三、问题的性质

在我看来，无论是友人，还是孩子的老师，解决问题的思路和办法都没有触及问题的根本。

这是一个正义问题。孩子追求的不是巧克力本身，而是真相没有得到揭露，偷东西的人没有承担责任，她没有讨回公道。妈妈和老师并不是偷她东西的人，无论她们给她多少东西，都不能安慰她的内心。对她来说，这件事情没有解决。

四、妈妈做法检讨

友人是一位积极有为的妈妈，但我认为这次她解决问题的方式存在几方面的不足：

1. 没有承认、接纳孩子的情绪。对于这件事情之于孩子的严重性，体认不足。

2. 对孩子情绪类型的认识不清楚，是难过，还是没有表达出来的愤怒？

从处理方式看，妈妈可能是把孩子的情绪判定为难过了。难过的情绪产生于没有得到或者自己丢失了东西、做错了事情的情况。如果是这种情况，那么，妈妈和老师通过给孩子加倍的物质补偿应该就可以达到解决孩子情绪的目的。

正因为孩子的情绪不是丢失巧克力的难过，而是巧克力被人偷盗的愤怒，所以，妈妈和老师的补偿效果不大。解决愤怒情绪，要求的是偷盗者被揭露、承担责任、道歉、赔偿。只有来自偷盗者的补偿才能真正解决东西被偷盗的愤怒情绪。

3. 妈妈处理问题还是太积极主动了。其实可以不用充当导师、指挥者，可以做提问者，让孩子自己去考虑行动方案。如果觉得孩子的方案不够周全，可以提出建议——供孩子参考。这可以是锻炼孩子自主性、主动性和思维能力的好机会。

4. 妈妈的解决方案是无效的。原因在于，没有回应问题本身。她后来解释，自己当初解决问题的出发点，是觉得都是同学，不好太较真儿，显得太计较……以大事化小的心态对待。

5. 妈妈做法的不利影响。在我们的文化中，面对权利受损，妈妈的反应方式具有普遍性。我们为了表面的和谐，不面对问题本身，采取和稀泥的办法，这种做法对孩子不是一个好的示范。它告诉孩子的是，当你的权利受损的时候，当别人偷了你东西的时候，不要去追究，不然要得罪人，让人家觉得你小题大做、小气。

这种处理方式的问题在于——是非不分，传递扭曲的价值观，可能导致孩子不清楚自己的权利，更不知道如何去捍卫自己的权利；心理后果是，孩子困惑，心理不适，可能还有没有得到释放的怨恨、愤怒情绪。

这种做法对孩子心目中的偷盗者并不公平，也不利于孩子与那两位同学未来的相处。其实孩子已经在自己心中的道德法庭上，给她觉得偷了她巧克力的两位同学定罪了，而且有可能会因此看不起他们、鄙视他们、讨厌他们，并且在行动上表现出来，可能会不友好地对待他们，或者疏远他们。怀疑仅仅是怀疑而已，未必是事实。也许那两个同学并不是偷吃巧克力的人。没有求证过程，凭着感觉、猜测就把他们当成是偷巧克力的人，对他们不公平。

另一方面，如果他们就是偷巧克力的人，由于没有落实，没有追究责任，没有让他们的不良行为得到揭露、处理，对他们其实也是不好的——可能会让他们觉得，偷东西有可能不会被发现，不会被追究，他们更有可能继续偷窃的行为；由于事情没有暴露，问题没有解决，没有为过错承担责任，在偷盗者自己的心中，事情也是没有解决的，也可能会成为他们心理感受不好的负担。

所以，无论是出于捍卫自己的权利，还是出于真正地帮助同学，真正对同学好，为了建设一个良善的集体，恰恰应该让同学为自己的不良行为承担责任。

五、建议

当孩子诉说巧克力被偷的情况时，不妨就事论事，看孩子关心的是什么。孩子关心的无外乎两件事：

第一，怎么会发生这样的事情?

这个问题需要回应。可以启发孩子思考。

友人的解释是，偷吃的同学（她接受了女儿认定的那两位同学。如前所说，未经确认就把这两位同学认定为偷巧克力的人是不合适的。他们顶多是嫌疑人）是为了沾女儿好成绩的运气。这个解释听起来比较炫、有趣，但是有开脱对方的嫌疑和可能，也不利于女儿追究偷盗者的责任。

无论偷盗者的个人原因是什么，都不能改变被偷者物品被偷，所有权受到不情愿的剥夺这个事实。当权利受到危害的时候，首先是要弄清楚真相，至于如何发落，追究到什么程度，则是后话。

值得注意的是，孩子在问这个问题之前，加了一句话，“自己没有做错什么”。

其实，就算她做错了什么，也不会改变巧克力属于她，她对巧克力有主权的事实，完全不影响她有追查和追究偷盗者的权利本身。别人偷她的巧克力，指向的是巧克力，未必是为了攻击她，或者打击、报复她——当然，如果真是这种情况，那就更应该重视了。这句话也让我担心，孩子是不是已经学会了有问题先检讨、责怪自己的习惯?

孩子关心的第二个问题是，应该怎么办?

事情是在学校发生的，当孩子发现巧克力被偷以后，她哭了，但是她没有吱声。为什么？她是出于害怕吗？她怕什么？这种反应方式是怎么形成的？她这个年龄的孩子，一般情况下，遇到这种事情，不是应该马上找老师，或者马上问谁拿了我的巧克力吗，或者如果有怀疑对象，不是应该直接问他们是不是拿了她的巧克力吗？

我会担心家长是不是对孩子规训过度了，同时也对家长太过依赖，所以，要回到家跟妈妈说。妈妈可以和孩子一起讨论怎么解决这件事才能消除她的心结。首先要考虑的，是如何教会孩子合理合法地捍卫自己的权利，而不是追究行为本身可能产生的社会影响，以及别人对自己的看法。

如果孩子已经有了怀疑对象，那么，可以鼓励孩子直接找到怀疑对象求证。为了维护怀疑对象的面子、名声，最好在课间，或者放学之后，单独找到两位同学，不要让其他人听见，友好地询问他们是否拿了巧克力。如果他们承认拿了，他们多半会道歉，可以要求他们原物赔偿，或者加倍赔偿；如果他们否认，而自己仍然不能释疑，可以告诉对方，如果是你们拿的，最好私下承认，不然自己会把这件事告诉老师，告诉自己的父母。如果这种情况下，怀疑对象仍然不承认，那就有可能确实不是他们，这下就可以告诉老师、告诉家长，当然也可以选择不继续追查，因为要考虑时间和精力的成本——而不是害怕得罪人。

主动选择不追究、不追查，与因为这个担心那个害怕而不追查，心理后果是完全不同的。主动选择不追究、不追查，内心是释然的；因为这样那样的害怕而不追查，是被动、委屈的，被动、无奈、委屈都不是积极正面的心理感受，会有受害者、牺牲者的感觉。

如果孩子把事情告诉了家长、老师，最好正面回应。老师至少可以在班上讲一下这件事情——当然要避免搞得风声鹤唳，目的不是为了让偷东西的人难堪，而是要让东西被偷的人得到安慰，也要让偷东西的人知道，偷盗行为本身是不对的；可以鼓励偷东西的人私下找到老师、同学说清楚，并且声明，主动承认以后不会受到惩罚、不会被另眼相看，而是在有勇气承认以后，道歉、赔偿之后，事情结束后，从此不论老师、同学都不再拿这件事羞辱他们。老师也需要告诉同学们，每个人都会犯错误的，犯了错误承担责任以后，事情就结束了。偷东西也是一个错误，承认了，承担责任了，事情就结束了。

我们都希望孩子成为善良的人。在这个事件中，培养孩子善意，不是假装事情没有发生，真正的善意，是在找出偷盗者之后，如何进行处理。

第一，把事情的知情人缩小在最小范围，不声张、不外传。第二，可以要求对等赔偿，或者加倍、三倍的赔偿，但不宜要求太高的赔偿，惩罚需要与过失对等，否则会引起怨恨、反弹，当然，也可以只要求道歉，放弃追索赔偿。第三，履行完道歉、赔偿之后，正常相处，在任何时候不拿过去的事情说事。

六、结语

养育过程中，很少父母会和孩子谈到公平、正义、权利这些概念，其实孩子很小就有这些意识了，虽然他们并不会用这些词语。每个孩子都希望受到公平的对待，希望侵犯自身权利者的行为得到揭露，受到应有的惩罚，承担相应的责任——也就是落实正义。

如果孩子的权利受到侵犯，父母、老师不是教会他们合理捍卫自己的权利，合情合理地纠正，而是采取鸵鸟政策，假装不在乎，甚至还把坏事情说成是好事情，那就混淆了是非，给孩子很不好的示范。等他们长大了，进入社会、组建自己的家庭，也可能会在权利受损时忍气吞声，不知道如何捍卫自己，不敢捍卫自己，那样的状态可能不是父母希望看到的。

如果父母不希望孩子未来是这个样子，那么，有必要从一块巧克力被偷这样一桩桩一件件的“小事”开始，从小教会孩子捍卫自己的权利，维护公平、正义，如果还能同时体现善意，那就更完满了。

独立自主凭我意，海阔天空任鸟飞

——写在女儿年届十八离家上学之际

注：这是2011年女儿去英国上大学时，我写给她的信。当时，我们在书房里，在同一张书桌上相对而坐。她整理她的资料，我给她写信。她知道我在给她写信。她说不可以口述吗，我说“不”，我怕我一开口就要流泪，而且我也想为我们生命中这个共同的重要事件留下一个文本，以便日后阅览。

亲爱的女儿：

明天你就要离开家，离开我，到万里之遥的异国上大学。我有淡淡的不舍和依恋，更多的是浓浓的欣慰和释然。

这一天，我期盼已久。

我当然不是盼着你离开我，但我一直盼着你的成长。这个“一直”，要追溯到你的出生伊始。

其时，正是我的世界急剧动荡，对未来充满不确定的惶恐之时。在那个阴郁的秋天的午后，我躺在手术台上等待你的诞生，满怀愁思，泪水大滴大滴地滚落：我怕我没有能力为你提供一个好的生活环境和受教育的机会。

你知道我工作、学习一直都很勤勉，但你也许未必知道，你是我强大的动力。我决心让你过得不拮据，没有经济压力，能够为你提供良好的教育，满足你不太奢侈的要求，以及想要你感到安全。我希望自己可以以身作则从而拥有教育你的资格，堪为你的典范。我希望我没有做得太差，我还会继续努力。

今天，如你所愿，也如我所愿，你要上大学了。我可以告慰自己，也可以无愧地面对你的是，我生育了你，我养大了你，我基本完成了我作为母亲的责任。到今天，我可以说，十八年前的担忧被成功地克服了，我持续十八年之久的担忧释放了——我在这个过程中所有的付出和隐忍都是值得的。

从情感上来讲，我当然不舍得你离开我，希望你日日夜夜、分分秒秒在我眼前。我享受和你在一起的时时刻刻。在你未成年的岁月里，陪伴你，是我日程上的第一要务。那时候，我尽量少出差，即便出差，也总是尽量缩短行程。我固执地认为我不能和你分开超过十天半月。我怕我的长时间缺席会让不好的思想和情绪在你头脑里留下印记，怕你有烦恼和不知所措时没有合适的人可以倾诉。你上中学之前，如果有应酬，我也尽量在你睡觉之前赶回——我想在你睡觉之前跟你说说话，听听你在学校的情况，也把自己的想法告诉你，这样，我才能安心。而由于爸爸在你的成长过程中几乎一直缺席，我不仅要完成自己母亲部分的陪伴，我还想用自己更多的存在填补他的空缺，尽量减少你可能的缺憾和孤独——你的任何缺憾和孤独，都是我承受不起的自责。

离开你，我有挥之不去的依依别绪，但是，我更欣慰于你的成长。你已经长大了，你有你的道路要去独自行走、独自探索，你有你的理想和前程要去追求去实现，不论我多么愿意为你遮风挡雨，我也只能选择放飞你，殷殷地看着你朝远处飞去，带着我所有的关心、祝福和祈祷。而即便有你离开后的怅然、系念，为了使你能够安心在外，我也会处理好自己的情绪，把精力用于进一步发展自己和追求自我的成长。在你成年前的岁月里，陪伴你抚育你，尽心竭力做好母亲，是我生活的中心；你走后，除了安排好自己，尽心竭力做我母亲的好女儿，将是我新的第一要务。当然，如果机缘合适，我希望可以成为对社会有用的人，更多地奉献于社会。

我欣慰于你即将开始新的人生旅程，一个崭新的世界即将呈现。就像我一再说的，从此以后，你人生的航舵将由你独自掌握，很多的决定将由你自己做出，你要独自去履行你的选择，为自己的决定和行为负责，不论成败苦乐。如果说在你十八岁以前，我先后抱着你，从陪你爬、牵你走到一步步让你独自走；从凡事代劳，替你做决定，到逐步让你参与落实决定，再到让你参与讨论决策；从我参与你的决策讨论，到最后由你自己决定，那么未来，我可能更多的是在你需要和要求的时候，跟你一起讨论你的决定，贡献我的经验和观点，有时候，恐怕只是听你告诉我你的决定。这个过程，是一个随着你的成长而逐步放手的过程，是一个一步步让你走向独立的过程。

看着你一点点长大，逐渐有自己的思想和好恶，甚至有不愿意跟我分享的秘密，我是最喜悦的那个人——这意味着你的成长你的独立，相应地，也意味着我作为母亲的责任的弱化。不仅你对于我要“断奶”，我对于你也要“断奶”。你越来越不希望我给你出主意为你做决定，我也越来越学会控制自己对你的不放心，以免延误了你的成长。

独立、自为、自强、自在，是我从青少年至今的关键词。独立就是不依靠任何人，包括经济的、情感的、心理的、精神的等诸多方面。我的经历告诉我，在任何方面依靠任何人都是被动的、不安全的。唯有独立才能自主，才能维持自己的尊严，否则就可能受制于人，从而尊严不保。对我来说，做人的尊严具有至高的重要性。没有尊严，生命就没有价值和意义。自为，就是self-made，通过自己的勤劳和努力来获得生存能力，成为自己想成为的人；自强，就是自己承担自己人生的痛苦与快乐，独自面对自己人生的任何困难和挫折，绝不委过于人，不让自己成为社会和任何人的负担；自在，是在独立、自为、自强的基础上获得的一种心理状态和精神境界，自己的福乐不依赖于任何外在于己的条件（包括人与物），内心笃定，外在的风雨雷电，都不能干扰内在的风和日丽。

在我的名片背面，印着我的另外三个关键词：爱、宽容、宽恕。如果说独立、自为、自强、自在针对的是自我，代表我对自己的要求，那么，爱、宽容、宽恕则是我对待与他人关系的原则。爱是我对待一切人的基本态度。爱的对象首先是自己，因为爱自己，就要爱他人，爱他人是爱自己的条件。因为爱，就会接纳自己的不完美，推己及人，既然自己不能免于缺陷，那么，对于别人的缺陷，何妨以同情心和怜悯心看待？因此，也就有了宽容。宽容的意思是海纳百川，有容乃大，能够为别人的优点长处鼓掌，也能够包容别人的不足，尤其是他人针对自己不友好的行为。而且，能够不受别人不友好的行为影响，以同情之心、善意之心去解释别人的行为，回报以自己认为正确的言行，而不是以眼还眼，以牙还牙。

有人也许奉行“人若犯我，我必犯人”，我倒赞成“以德报怨”，责己而不责人，任何有意无意的恶的行径，引起的不是我的仇恨和复仇的激越情绪——在我看来，当一个人内心有这些情绪，当下就堕入了地狱。这绝不是爱自己，而是对自己的真正伤害。因此，仅仅宽容是不够的，还需要宽恕。

从小，外婆就教我一句话，饶人不是痴汉，痴汉不会饶人。又说得饶人处且饶人。饶人不仅指不记恨不报复，还指宽宥、原谅别人不当、恶劣的言行。宽恕有时候被认为是没有原则，是软弱。但是，我的经验恰恰相反。一个人只有怀有极大的仁爱之心和强大的内心，而不是因为恐惧、畏惧，才可能说得上宽恕。宽恕是有还击的力量而放弃还击，而不是因为没有力量才被迫忍气吞声。在你还很小的时候，我已经跟你分享过这些价值了，你也一定程度上吸纳并落实在你与他人的关系中。当你说你自己因为原谅、因为放弃报复而觉得海阔天空时，我为你欣喜不已——这意味着你会有更好的人际关系，更少的人际摩擦和人际摩擦所致的大量烦恼。

当然，你知道，我的意思绝不是放弃自我的权利，或者说当自己的权利受到侵害时不作为。相反，我强烈主张要清楚自己的权利，并且要使用包括法律在内的手段来维护自己的权利，正如我强烈主张不去侵害别人的权利一样。法律意义上的自由是基本的自由，遵守法律是维护自己自由的前提。而当自己的法定权利受到威胁和破坏时，不是寻仇复仇，而是诉诸法律。也正是基于这样的观念，我一直希望你要有法律意识，要学习一些法律常识。

记得在你小学二年级的时候，有一天，你气呼呼地回家了。在你站起来回答问题的时候，同桌的同学恶作剧地把你的凳子挪开了。你说幸亏你坐下的时候先摸了一下凳子，要不然就会跌坐在地上。然后，你说你要报复。我表扬了你的警惕性，也认为同桌同学的行为很危险。但是，我说如果你真的摔倒了、摔伤了，他是要负责的。尽管作为未成年人，他负不起责任，但他的父母作为监护人是必须负责的。我说如果你让他摔伤了，作为你的监护人，我也是一定要负责的。既然你明知道他做得不对，那就不要重复他的做法了。如果你气愤难平，你可以要求他道歉，甚至可以向老师举报他（我建议最好不要，给他留个面子），但是，一定不能报复他——道理上你想通了，但是情绪上没想通，最后，我说我不允许（对不起，请理解，我使用了家长权威）。

是的，在你成年之前，我偶尔会动用家长权威。大多数的事情，我都会跟你商量，提建议，为你认识和思考问题提供参考，但是，对你一些显而易见的错误以及一些对你或短期或长期有害的事情，我还是会坚决明确地说“不”。

以后，我想我不再有这样的权利了，也不应该再有这样的权利了。它们随着你年届十八岁而终止。未来，作为一个法定的成年人，你和我一样是独立的人了——即便、虽然你在经济上还依靠我，我仍将完全以对待与我相对的另一个独立生命个体的态度和方式对待你。对你来说，好处和坏处都有。好处是，你有决定和行为的自由；坏处是，很大程度上，你必须承担所有决定和行为的后果。能否承担责任和决定的后果，在我看来，是一个人成熟度的标志。

不管我们是否喜欢，是否愿意，这一天就这样不期而至。那么，让我们一起学会去适应情景、角色的变化，在未来的日子里，充分调动和发挥自己的潜能，让生命之花开得灿烂、精彩、充分，让人生过得饱满、有趣、有意义！独善其身是起码的要求，兼善他人、兼济天下，则是更大的造化和情怀，是生命更高层次和意义的展开，是值得追求的目标。

我想跟你分享所有美好的价值，限于篇幅，提到的只是其中很少的部分。至于我未在这里写到的，我在过去已经或多或少地谈到过，概而言之，我希望你倾向于真善美，就向向日葵之倾向于阳光；我希望你诚实做人踏实做事，不仅圆满完成自己的事务，还能够帮助他人，能够对所在的集体有所贡献，群体能够因为你的存在而有正面的不同；我希望你专心读书，勤于独立思考并向老师、同学请教；我希望你是个优秀的学生、合格的公民，“勤以养正，俭以养德”，把节俭当成美德和能力；我希望你是一个清楚自己目标和责任、权利和义务，以自己的行为为自己负责，为家庭、为社会负责的人。

我们会分开很长一段时间，游子远行，不能千里相送，唯有依依话别，而纵然山水远隔，我们仍然心心相印。我知道你会做得很好。我对你满怀希望，也满怀信心。

自由、快乐、美丽地飞翔吧，飞出自己的天际，飞出自己的霞光满天！

爱你的妈妈

生死、情绪、情感之困

武汉学生跳楼事件简评

武汉一位初三男生在学校打扑克，母亲被老师通知到校，盛怒之下当众打了孩子耳光，之后，孩子跳楼，不治身亡。

此事引起舆论哗然。

舆论一边倒地指责母亲，以我阅读所及，论者无不骂母亲愚蠢、不智、恶毒，有一位作者直言呼吁孩子的爸爸跟这个邪恶的女人离婚，免得将来进一步被她所害——无疑，父亲被当成了无辜的受害者。

有一位作者认为老师应该自己处理此事，不该叫家长到学校。

愚意以为，这位学生跳楼的事，学校难辞其咎。

当前，我们的学校的确存在着把管教学生的事过多转嫁给家长的现象，在此不多言。像学生在学校打扑克这样一件小事（即便是在课堂上），真的有必要惊动家长吗？老师为什么不按照校纪校规指出学生的问题、要求整改，直至记过、处分？

按照《中华人民共和国未成年人保护法》（下简称《未成年人保护法》），老师虽然没有指责、羞辱、体罚学生的权利，但作为教学秩序管理者，老师是有管理工具和权限的，有权利、有责任在原则和制度范围内管理和处罚学生。班主任老师自己管不好学生，还可以求助上级领导，除非在学校范围以内处理不了这个问题，否则没有必要求助家长，不是吗？

这位老师有什么必要把学生家长通知到学校？想达到什么目的呢？

家长到校以后，情绪激动、动手打孩子的时候，老师有予以坚决制止吗？

老师通知家长到校的时候，有预见到这个可能性吗？

孩子在学校，保护孩子尊严和人身安全、不受他人（包括情绪失控、疯狂的家长）伤害，不是学校的责任吗？要知道，孩子的家长并不在法律上拥有攻击孩子的权利，家长在学校打孩子，如同其他人打孩子一样，也是刑事犯罪，学校的保安应该介入，老师还可以直接报警！

再者，在家长打了孩子之后，老师陪着家长走了。为什么把刚刚受到当众羞辱的男孩子一个人留在那里，而不是安慰孩子和采取防护措施，可以想象，如果老师这么做了，悲剧很可能就可以避免。

另一个可悲的事实是，孩子挨打的时候，那么多同学也没人出来劝说、制止；孩子挨完打后，也没有同学去安慰、陪伴。

这事当然不能只怪孩子们，但也可见我们对孩子们的权利、同情教育是多么缺乏。我们的孩子不会在自己的权利受到侵害的时候自我捍卫，不会在同学的权利受到侵害的时候挺身而出，也不会在同学处于痛苦和困难的时候表达同情、关心。

这样的集体是多么冷漠、冷酷。

孩子跳楼，不治身亡，最痛苦、最后悔、最自责的人，一定是这位直接导致儿子跳楼的母亲。

我理解，致人（哪怕是自己的孩子）死亡是公诉案件，她应该承担刑事责任。如果她被公诉、被判刑，那是她罪有应得。

但是，我不认为我有权利和资格去骂她、羞辱她。

就像任何家长一样，她做了她认为对孩子好的事情，她用她理解的方式表达了对孩子的“严格要求”和“爱”，她不可能预见她行为的后果。作为母亲，我对她的局限性有发自内心的同情，我相信，她是不知道啊！

面对众人准备用石头击打一位行淫的妓女时，耶稣说：“如果你们中间谁是无罪的人，谁就可以先用石头打她。”听见这话，从老到少一个一个地都出去了。

试问，作为父母，我们自己完美无缺吗？这位母亲的思维和行为，我们其他做家长的或多或少没有吗？

至少，作为母亲，我深知我不完美，在养育女儿的过程中也有过这样或那样的失误，我绝不敢自认比她高明，更不敢高高在上去论断她、羞辱她。

当然，如果是在孩子出事之前我认识她，她询问我，我会建议她给孩子平等、尊重、温和而坚定的对待。

如今，我对她，这个亲手导致儿子死亡的母亲，只有最深切的同情。

我能想象她的痛、她的悔，我相信这比让她死更令她难受。我祝愿拥有与她相同养育观念和做法的父母，可以透过她的教训，改变对待孩子的方式。

我相信我们真的都爱孩子，那就让我们用爱的方式表达爱吧。让我们理解和接受孩子犯错误，真诚而坚定地帮助孩子承担责任，改正、纠正不良的言行，但请始终尊重孩子的人格，不侵犯孩子的基本人权。

“我们要恨罪，但不要恨人”，这位母亲大错已经铸成，她会承担她的痛悔乃至法律责任，但面对这位失误的母亲，我们作为同类，应对她表示真正的善意，而不是去咒骂她、奚落她、嘲笑她，否则，我们和她有什么区别？无非她用手打儿子的耳光，而我们用语言的石头投掷她，语言伤人的力量不亚于她当众打儿子耳光。正如扬起手的那一刻，她“怒从心头起，恶向胆边生”，她心中涌起的不是爱、不是善，我们在咒骂她的时候，难道不是也处于与她同样的怒、恶、恨等状态吗？

至于劝她丈夫离婚，这算不算雪上加霜、落井下石之举？进而言之，她丈夫全然无辜，过错都是她一个人的吗？她一向管教儿子和与儿子相处的方式，她丈夫不知道吗？如果他不知道，这说明什么？是不是证明他的不作为和失职？

如果他知道而不规劝妻子，不帮助她改变，或者主动承担起更多教育儿子的责任，则他不仅在客观上必须和妻子一样承受丧子之痛，而且也不能逃避作为丈夫和父亲的无能与失职。

甚至，基于我们对很多家庭内部关系和运转情况的了解，有可能正是因为丈夫、父亲的失职与无能，他的妻子才如此无助，如此崩溃。

因为是妻子的行为导致儿子跳楼就把责任全部归于她，乃至以此理由离婚，那不仅是对妻子的不善良、无情无义，而且根本就是逃避责任、有失公平。

孩子已经死去，人死不能复生，我祝愿孩子灵魂安息。

事已至此，我祝愿活着的人好好活着，夫妻、家人之间不要互相责怪，而是相互理解、谅解，一起克服丧子之痛，更加相亲相爱、相互扶持。我想，这也是对孩子最好的告慰。

缪可馨自杀原因的心理动力学解析及此案对家长的警示

2020年6月4日，江苏省常州市河滨小学10岁女生缪可馨在学校跳楼自尽，消息牵动了无数人的心。经过多日拉锯，《红星新闻》6月16日报道，可馨家人和“相关部门”的谈判已经达成合解，孩子的尸体也已于6月17日火化。

可馨自杀事件看来尘埃落定了，但是，她自杀的原因依然成谜。

凡事都有因果，本文试图呈现并同情理解围绕此案的各方观点，然后从心理动力学的角度分析可馨自杀的原因，并谈谈家长如何积极协助孩子处理与老师的关系，避免在与老师的关系中受到伤害。

可馨的父母认为是袁姓语文老师逼死了孩子。袁老师在当天课堂上屡次否定孩子的作文，一再修改也过不了关。老师对作文的否定无疑会给孩子造成压力，但可馨父母并不认为这就是导致孩子冲出教室，纵身跳下四楼的根本原因。他们怀疑袁老师对孩子有言语上的贬损，甚至也不排除老师动手打了孩子。他们有怀疑的理由。他们早就知道袁老师在课堂上有辱骂、体罚学生的行为，可馨也曾经被老师打过。

此外，袁老师违规开着课后作文补习班，但可馨并没有在她那里补课，而是去了别的老师那里。家长怀疑袁老师为此心有忌恨，因此有意刁难孩子，故意不接受孩子本来写得很好的作文——后来有人发现可馨作文的评论部分抄袭自百度，抛开学术规范不论，这个事实有助于佐证可馨父母对老师携私报复的怀疑。经网友查证，作文评论抄袭自“百度知道”里“三打白骨精给你的启示是什么”的回答。

袁老师则认为自己与可馨的死没有关系，自己当天的行为无可挑剔。她声称自己与孩子说话语气平和，没有打骂孩子，就连孩子作文本上那些红叉、波浪线、横线等无声否定孩子观点的符号，都是孩子自己画的，而那句备受争议的“传递正能量”，只是顺手写的。舆论几乎普遍站在可馨一边，表达对孩子的同情和对袁老师的鞭挞。

许多论者批评袁老师“传递正能量”的要求，指责她扼杀孩子的独立思考，有人说是袁老师要求的“正能量”杀死了孩子，似乎导致孩子跳楼的原因仅仅是她不能接受老师对她作文的否定，不能接受老师要求她反复修改作文。

事发之初，孩子同学的家长几乎集体力挺袁老师，在家长群里为她点赞，在可馨家长致电同学家长，希望向同学了解袁老师和可馨当日在课堂上的真实互动情况时，无人响应。可馨父母怀疑同学和家长已经被校方封口禁言了。

河滨小学校方在事发之初认为袁老师无过错，要求孩子修改作文是一个老师的正常工作，孩子自杀与老师和学校无关。表面看来，确实如此。学校所在的常州市金坛区政府办、区教育局、区公安分局等成立了联合调查组，结论是“未发现当天课堂中存在辱骂、殴打学生情况”，就是“传递正能量”的要求也不是袁老师的别出心裁，而是秉持教学大纲的精神。调查组完全排除了袁老师与孩子死亡的关系，但他们也表示难以理解孩子为什么会跳楼。

可馨为什么会跳楼自杀？即便她的父母与有关部门已经达成协议，这个问题仍然值得追问。

自杀是所有行为选择中最决绝的一个，一个人只有在情绪非常激动、极端绝望的状态下才可能采取这样的举措。一个值得注意的细节是，可馨在爬上护栏之后，并没有马上跳下去，而是迟疑了一会儿，最后仍然跳下去了，这更加说明她这一跳是经过权衡、有意识的选择。孩子怎么会有这么强烈的情绪呢？老师果真行为无过错，问心无愧吗？果真如有论者所说是因为孩子脆弱，承受不了批评吗？还是说，就像孩子父母怀疑的那样，袁老师在指出孩子作文问题，要求孩子修改的时候，其实并非言语平和，而是情绪激烈，言辞凌厉，甚至不排除可能对孩子动了手，从而给孩子的自尊心造成了毁灭性的打击。而且她更像是有意刁难孩子的作文修改，要求让孩子觉得自己无论如何过不了关，别无出路，唯有一死？

从情绪发展的角度来讲，可馨父母对情况的理解更能解释孩子的情绪和行为，更合乎逻辑，何况袁老师本来就有羞辱、打骂孩子的历史——这不仅是可馨父母的一家之言，而且也为袁老师过往的多位学生所证实，有他们的网络贴文为证。

如今可馨的同学和他们的家长都不发言，不接受可馨家长的询问。这个事实耐人寻味。那么，他们对调查组说的是实话吗？调查组的调查报告反映了真实情况吗？也许要等好多年以后，可馨跳楼之前袁老师与她互动的真实情况才会大白于天下。

袁老师当然会极力撇清自己与可馨自杀的关系，这是她自保的必然反应；河滨小学校方与袁老师利益一致，有掩护袁老师的主观动机；金坛地方教育主管部门、政府也是利益相关方，撇清袁老师符合他们的利益。事实上，可馨家长的谈判对手并不是袁老师，甚至不是学校，而是“相关部门”。

舆论对可馨同学的家长进行了严厉的批评，可馨的父母倒是觉得可以理解他们。是啊，他们有自己的顾虑、恐惧，说出事实，捍卫正义不是他们的重要考虑。换位思考，如果处在他们的位置，我们有多少人可以做得更好呢？他们就是如我们一样的普罗大众，指望普通人在自身利益可能受损的情况下为别人挺身而出实在是太高的要求；另一方面，可馨的遭遇也可能落到我们的孩子头上，我们也有可能处于可馨父母的位置。

网友何尝不是感同身受？

可馨之死无疑与老师当天的言行直接相关，但冰冻三尺非一日之寒，当天老师对她的苛求无论如何激烈，也不足以完全解释她的绝望情绪。毋宁说，当天的情况可能只是导致她崩溃的最后一根稻草，是长期压力的总爆发。

实际上，正如家长所说，袁老师过去就曾经打过可馨。那么，除了这一次体罚之外，历年以来，可馨在袁老师的班上过得快乐并有尊严吗？她受到老师公平、公正的对待了吗？袁老师有像辱骂她过去那些学生一样辱骂过可馨吗？袁老师让可馨罚站、撕毁过她的作业吗？可馨有向父母表达过或者表现出害怕袁老师，不想上学、要求转学的意思吗？如果发生过这些情况，则既不奇怪，也符合孩子自杀的情绪发展和行为逻辑。如果发生过上面这些情况，父母是如何处理的呢？我觉得这个问题很关键。

袁老师打可馨那次，她父母的做法是给老师送钱。他们像大多数家长一样，对老师是惧怕的，面对老师是怯懦的，对孩子的权利是缺乏认识的。在孩子身体受到伤害，老师违反《未成年人保护法》的时候，不是合理合法地捍卫孩子的权利，向老师问责，找老师讲理，反而讨好、贿赂老师。

这样的行为方式传递给孩子什么信息？如果孩子因此认为老师就是天理王法，父母没有能力保护自己，让老师不高兴就是世界末日，那并不令人吃惊。如前所说，自杀是极之决绝的行动，是极端绝望的结果。一个人的绝望很难是一次单独事件导致的，很可能是过往经历的累积。一般来说，在遇到老师不公平对待的时候，如果孩子相信父母可以捍卫自己，他们就不容易绝望。相反，如果他们相信父母没有能力保护自己，甚至还会采取老师的立场，对自己表示失望、痛心疾首，或者生气地责备、打骂，那他们就倾向于自己承受，承受不了就崩溃。

可馨家长力陈孩子聪明、优秀，性格开朗、可爱，他们爱孩子，与孩子关系良好，不仅为孩子提供了良好的学习和成长条件，而且在孩子犯错误、课业不好的时候，不苛责、积极帮助。多么完美的孩子和父母，多么理想的亲子关系！

我不怀疑可馨父母的真诚，不过，这样就很难解释可馨何以在作文遭到老师否定的时候，直接就陷于绝望，进而决绝地跳楼自杀，哪怕袁老师当时就是辱骂、呵斥、嘲笑，甚至打了她呢。她何以没想到可以回家告诉父母，求得父母的安慰和帮助？

人的认知具有主观性，有关心理学研究证实，人性倾向于正面评价、美化自己的言行；我在咨询工作中发现，父母（包括我自己在内）对自身养育水平和与孩子关系的评价，几乎都远远超过实际情况，甚至与实际情况相反。我们叙述的是我们希望达到的理想状态，而未必是我们的真实状态。

当然，如果可馨父母对自己的养育方式和亲子关系的评价是客观的，那么，可馨可能就不一定像他们说的那样完美，而是像有些论者说的那样——太脆弱，承受力不够。不过，孩子脆弱，承受不了批评，仍然主要是养育的缺失，是家长的失职。

可馨已逝，她的死是对教育的控诉，对养育的绝望，对社会的拒绝。直接导致她情绪绝望、崩溃的袁老师看来不会承担法律责任，但她优秀教师道德和职业形象已经崩塌了，祝愿她可以真心忏悔，改过自新，也祝愿更多的老师以她为鉴。可馨的父母可以拿到一笔钱，但是，可馨之死带来的痛苦不是任何金钱可以弥补的，设身处地，令人唏嘘。

我相信，可馨的死也会给她的同学、同学家长、学校的领导，以及参与调查的相关部门人士，留下各自的思考。可馨以她的纵身一跳让家长直面这样一个事实：老师是可能伤害孩子的，某一天把孩子送到学校以后，可能就再也见不到孩子了。

自杀当然是最极端的情况，也不多见，但是，因为老师的羞辱性言辞，罚站、当众撕作业、体罚而厌学、而沉沦、而抑郁、而暴躁、而虚无、而价值观扭曲的孩子，却并不少见。他们都有袁老师那样的老师，这些老师甚至头顶光环，是名校名师，是经验丰富的老教师。

反思老师羞辱、打骂孩子的现象有不同的角度，老师依法施教、遵守教师言行准则，实现学生、家长和老师之间关系的平等、互相尊重，教育文化、教育体制的改革都需要一个漫长的过程，而保护孩子刻不容缓。

这个世界上，最有动力保护孩子，真正切身关心孩子生命与心理安全的首先是父母。可馨和她父母的遭遇警示父母们有必要认真思考如何保护孩子不受老师的伤害。我们有必要认识到，老师不是天使，也不是真理在握，而是像我们每个人一样，是有个人私欲、认知有限和判断可能出现偏差的人，不要盲目相信。

教师是一份职业，老师在人格上、权利上与家长和孩子平等。那种在老师面前自贬身份，讨好、贿赂老师的做法不仅害了孩子和自己，也害了老师，害了班级及学校风气，不利于老师公平、公正地对待每个孩子。父母有必要关注孩子与老师的关系和孩子的情绪反应，当孩子受到老师的羞辱和伤害时，应诉诸平等、友好的协商，帮助孩子捍卫自己的尊严，而不是忽视、和稀泥，为老师尊者讳，对老师言听计从，甚至充当老师的帮凶。

孩子犯错很正常，无论怎样的错误都不是老师羞辱性对待孩子的理由。那种把老师打骂孩子视作对孩子严格要求、负责的观点是陈旧而有害的，指出孩子的不足，纠正孩子的缺点是老师的权利，也是教育的应有之义，底线是不伤害孩子人格、自尊，辱骂、体罚孩子属于违法行为。孩子权利受损，没有能力自我捍卫时，父母应当出面找老师沟通。如果老师拒不道歉、改变，可以向学校或教育主管部门投诉，直至报警，申请警方介入。

如果师生关系无法改变，孩子与老师相处很痛苦，家长也可以考虑给孩子换班、换学校——无论多好的学校、多有名的老师，如果不能平等对待、尊重学生，都不利于孩子的学习与心理健康；无论多好的成绩，都不能抵偿老师粗暴、羞辱性对待给孩子造成的心理创伤。

当然，父母也要教会孩子尊重老师，遵守学校规章制度，不破坏课堂纪律，完成老师布置的任务，努力学习，尽量发挥自己的潜力，等等。

孩子学习、成长有赖于家长和老师相互配合。很多时候，老师的羞辱性言行可能也是习惯所致，没有伤害学生的主观意图，根本目的也是为了帮助学生进步。如果经过学生、家长的提醒，老师能够闻过则喜，改过自新，那么，家长也要鼓励孩子以发展的眼光看待老师，原谅老师过去的错误，跟老师一起进步。

一个良善的班级、学校应符合学生、老师、学校、家庭的利益，一个良善的社会应符合所有人的利益。愿我们大家共同建设，共同努力！

如何和孩子讨论生死

我们应该怎样跟孩子聊死亡，让孩子能理解死亡？怎样对待孩子因此产生的害怕、难过、伤心等情绪？怎么梳理和关照自己的情绪？

我们如何让孩子理解生命的价值？如何让孩子明白，我们对逝去的人最大的尊重，就是过好当下，让自己的生命更有价值？

当家里有人生病，尤其是重病时，我们如何面对这样的无常？怎样调整自己的状态？我们如何跟孩子讲述疾病这件事？如何让孩子能够通过这件事，了解健康生活，体育锻炼、健康饮食对我们的重要性？

换言之，我们应该对孩子进行怎样的生命教育？

我觉得这些问题可以分几个层面来谈：

第一，死亡是什么？怎么回事？这部分涉及死亡认知。

第二，人死了以后会发生什么？这部分涉及灵魂有无、是否有身后世界的判断。

第三，对死亡的反应。人是会生病、会死的，不是每个人都可以平平安安活到老，有时候一场灾难、一场瘟疫、一场大病……就可能带走一个儿童、一个少年、一个青年、一个中年……对无常怎么办？面对死亡怎么办？我们应该悲痛吗？应该害怕吗？应该绝望和恐惧吗？

第四，当家中老人、亲人、朋友生病的时候，死亡的时候，我们怎么办？其实，我们社会的死亡叙事是比较杂乱、不那么自洽的。作为父母，我们把死亡问题想清楚了吗？我们和父母、亲朋好友对死亡进行过开诚布公的讨论吗？

面对死亡，很多成人心怀恐惧、回避死亡。这种情况下，我们很可能把这种态度投射给孩子，导致孩子的回避和恐惧，以至于好心办坏事，没有达到帮助孩子的目的。

思考死亡，其实是思考生活。有哲人说，思考死亡是思考人生的起点，我赞同。思考死亡问题，可能陷于悲观或虚无，还有可能承认与接受生命的有限、无常及死亡，进而更加珍惜生命、热爱生命，更不容易轻生，活得更为积极昂扬。

教育首先是育己，只有我们把死亡和生命的问题搞清楚了，才谈得上教育孩子；只有我们忠实践行教给孩子的理念和方法，我们的教育才有说服力。

我不赞成家长对孩子隐瞒亲人去世的消息。孩子生活中重要的人不在了，孩子怎么可能注意不到、不疑惑？我赞成父母平等、尊重地对待孩子。平等尊重的一个具体体现是，对孩子开诚布公、实话实说。如果爷爷、婆婆、宠物、同学……去世了，正面、心平气和地告诉孩子。如果家长能做到坦然平静地接受事实，孩子就容易坦然平静地接受事实；如果家长悲恸欲绝、呼天抢地，或者不肯正面讨论，传递给孩子的信息就是，死亡是一件恐怖的事。父母不想提，但这并不能阻止孩子在心中琢磨这件事情。死亡本身并不会令孩子害怕，对死亡的反应是文化性的，与不同文化对死亡的理解有关。如果孩子害怕，那是文化设定的，是我们示范的结果。

不同文化、宗教对死亡的理解不同，对人死之后的理解不同。唯物主义的、科学的认识是，人死之后化为尘土；各种宗教都有超越性的理解，认为有一个身后的世界，比如，基督教认为信徒死后去天堂，在那里过着幸福美好的生活；佛教说教徒死后会去西方极乐世界；中国传统文化认为人死后会去阴间。我们在春节、清明节给去世的亲人上坟，烧纸钱、衣服、汽车等，就体现了传统文化中，逝者在另一个世界继续生活的想象。

我们有必要弄清楚自己到底秉持的是哪一种死亡认知?

很多家长把死亡说成“到远方出差”“去很美的地方享福”。我觉得这种说法本身并不为错，但要知道，这表明他们认为人死之后有一个身后的世界。如果这就是他们的认识，他们把这样的认识告诉孩子，我觉得没有问题。但是，如果这并不是他们的真实看法，不反映他们的真实观念，我觉得就有问题。

对这样的回答，稍大一点儿的孩子可能会问：那他／她怎么舍得离开我们呢？爸爸出差都会回来，那爷爷（同学、猫咪）还会回来吗？为什么不回来呢？他“去很美的地方享福，为什么不带上我们呢”？这个时候，家长准备怎么给出逻辑一致的回答呢？

我自己当年是这样和女儿讨论死亡的：人的肉身这种存在形式是一定会消失的，肉体会生病、老化、死亡，而且，死亡之后不能原样复生，没了就没了。顺理成章地，“我们是不是要珍惜生命，爱护自己呢？如果不想失去这个生命，就要维护好TA呀”。关于死后是否有灵魂、死后的去向，我没有推荐一个唯一的“正确”答案。我把科学的、佛教、基督教的观念都告诉了她，然后说，我也不确定人死之后是不是有灵魂，或者是不是有一个阴间、天堂或极乐世界。不过，我宁愿相信（相信有关信念，无关科学事实）有灵魂，我希望我的灵魂去一个美丽的地方，远远地看着她幸福生活。同时，我也告诉女儿，至于她采信什么观点，她可以自己决定，慢慢琢磨。就连我的想法，可能也会随着时间的变化而变化。

亲人去世，大人会感到难过，这是正常的情感反应。我觉得家长不用隐瞒自己的真情实感，也无须回避孩子。让孩子见到自己为失去亲人而难过，这也是家长可以示范给孩子如何处理丧失、悲伤的机会。情绪是可以宣泄的，如果我们很难过却强忍，反而不是好的示范，传递给孩子的信息是，表达悲伤是一件坏事、丢脸的事。

当然，最终、最重要的，我们要告诉和示范给孩子，亲人去世以后，我们的生活还要继续。亲人最希望的就是活着的人好好地活着，我们好好地活着，就是对死去的亲人最好的纪念与安慰。

回到日常生活，我们尽可以大大方方地谈论与已故亲人曾经共度的美好时光，谈论已故亲人的美好品质，无须刻意回避和已故亲人相关的一切，那种做法恰恰传递出对死亡的恐惧。实际上，如果我们借助坦然讨论，让已故亲人继续亲切地存在于生活中，我们就不太可能害怕亡灵作祟，不会害怕对已故亲人的记忆。更进一步说，想到我们死去之后，活着的人也会这样讨论我们，我们还能以这种方式活在亲人中间，死亡是不是就没有那么恐惧了呢？

家中老人去世，重要的不是我们想告诉孩子什么，而是孩子想了解什么？家中老人去世，孩子有疑问很正常，正面回应，有什么说什么，是什么说什么，知之为知之，不知为不知，在这个问题上也是适用的。我们不必在孩子面前表演无所不知的角色，不要提供孩子不想了解的信息，关注孩子的情绪。如果孩子情绪低落、感到害怕，应及时予以回应。了解孩子为什么难受、为什么害怕，倾听并给予针对性回答。

丧失亲人，孩子感到难过是正常的，可以告诉孩子死亡是生命的一部分，但我们并不是无所作为！如果我们注意安全，不去危险的地方，保持健康，就能活得久一点儿；如果我们免疫力比较强，抵抗病毒和细菌的能力就强大，就不容易生病。珍惜生命要注意健康，勤锻炼，好好吃饭，注意卫生……这就是生命教育。

家人生病，最重要的是出于本心的同情和关心，还有实际问题的解决，比如，寻医问药、提供财务支持，家庭成员间协调分担与照顾……我们体现出的担当、耐心、能力，对孩子都是很好的示范。有一天，我们自己成为生病躺下的那一个，孩子更有可能采用我们曾用以对待父母家人的方式来对待我们。

就我个人，对无常和死亡是全然接受的。我的意思是，它们随时落在我身上都是可能且正常的，我没有预设自己应该、必然无病无灾活到很大年龄。我可以在我能够理解和意识的范围内避免危险，生活得健康一点儿，但灾难、疾病和死亡根本上不在个人的控制范围内。

女儿曾问我："如果我得了重病，你怎么办？"我说："我会在自己的能力范围内尽量提供最好的治疗。"她说："如果治不好，我死了你怎么办？"我说："我会很难过。我会难过一阵子，但是，生活会继续。我会继续好好地活着。"这是真实想法，也是让女儿知道，她为她自己活着，为她自己学习和生活。她对她自己最重要，她甚至连为我活着都不需要，何况学习和其他事情？

正如无常、死亡发生在自己身上是可能的，发生在父母、伴侣、孩子身上也是可能的。没有发生，谢天谢地，彼此好好关爱、好好珍惜，积极而热烈地活着，活出自己的价值与意义。

抑郁症——生理病还是人文病?

一

15岁的小飞是一所著名中学的初三学生，过去两年间，他多次有自杀念头和口头表达，还曾不止一次尝试自杀。像很多人一样，当初出现这种情况，父母送他去了精神卫生中心，一诊断，抑郁症的帽子妥妥地戴上了。住院治疗，出院后继续服用抗抑郁药，定期复诊、调药。

治疗没有效果，情况时好时坏。

因为抑郁症的原因，这两年小飞的学上得断断续续。暑期期间，他的情绪稳定些了，秋季开学后，回到了学校，然而还不到一个月，抑郁症又发作了。这次的症状比过去更加严重，抑郁加上冲动易怒，获得了“双向情感障碍”的诊断。再次住院治疗，仍然没有效果，最后只能带药出院。

这次出院后，小飞没有回到原来的那所著名中学，他来到一个民间小微创新教育机构学习，不料第一天上课，他就因为老师制止他上课玩手机，一怒之下拿着榔头满院子追着要打老师，把老师、同学吓得不轻，父母只好把他接回了家。

可以想见，他更加绝望，更加抑郁。白天父母上班去了，他一个人在家无所事事，睡觉，吃东西，打游戏，看视频。他的交流对象几乎只有父母，每天就等他们下班回来后说说话。

他一边抱怨没事可干，可对于想做的事，却又充满畏难情绪，不愿意付出努力；一边渴望改变，又坚决不肯尝试。

他似乎退回到了幼儿的状态。

二

小飞得上抑郁症，有两个主要的原因，一是处理不好与老师、同学之间的人际关系，二是学业压力，实际表现和理想落差很大。实际上，人际关系困难也加剧了他的学习困难。

抑郁症治疗和休学期间，他处理人际关系的能力没有提高，学业还受到进一步拖累。这次秋季复学后，他的情绪之所以迅速崩溃，原因在于，他和老师、同学之间的关系更疏远了，他感觉老师、同学都很冷漠，他在班上没有朋友，找不到归属感；由于缺课，病中又放松了学习，他发现上课经常听不懂老师讲的内容，学习成绩和同学之间的差距也拉大了，自尊心、自信心遭到更深的挫败。

从小微学校回家后，他的自信心近乎完全崩溃，后悔、自责、愤怒，看不到希望和前途，无助，对人际关系又向往，又惧怕。

刚出院，吃着抗抑郁药也继续抑郁，暴躁的程度还在加剧。前些天复诊，医生又要求他入院治疗，父母准备遵从医嘱，小飞坚决拒绝了——这是他做出的一个理性选择。

迄今，小飞和父母都很清楚，住院治疗也好，服用抗抑郁药也好，生理医学模式的抑郁症治疗对他完全没有效果。小飞屡次想停药，尽管小飞母亲自己有过六年抑郁症药物治疗失败的经历，后来还是坚决停止服药，凭着自己的毅力摆脱了抑郁症的困扰。但是，她却不敢让孩子停药。

明知一种治疗不解决问题，有明显的副作用，还会导致长期的依赖，却仍然继续采用——听起来不可思议，但这就是很多抑郁症生理医学模式治疗接受者的真实状态，青少年抑郁患者似乎尤其如此。

为什么会这样呢?

半年前，我接触过一位15岁的少女抑郁症患者思思。她接受了与小飞类似的抗抑郁症治疗。她和父母同样明确治疗无效，抗抑郁药反令她意志低沉，身体倦怠、乏力，早晨要么起不了床，要么是挣扎着起来以后，中午之前意识完全模糊，大脑没法进行清晰的思考。就是去了学校也提不起精神听课，抑郁程度没有改善，不时有轻生的念头和表述。

既然如此，为什么不停止吃药？

医生说了不能停的。

作为感受和判断的主体，为什么不遵从自己的感受？为什么那么听医生的话呢？

去了医院就是病人，病人当然得听医生的话！不然去医院干什么？

有道理！

看来问题不是为什么要服用没有效果、有副作用、会形成依赖的抗抑郁药，而是需要问一问，抑郁症患者该不该去医院寻求治疗。或者说，生理医学治疗模式是不是抑郁症患者的恰当选择，同时，不可避免的另一个问题是，如果不去医院，抑郁症患者应该怎么办？

回答第一个问题，牵涉到对抑郁症的认识。

三

对抑郁症的认识和治疗，有生理医学和人文心理学两种模式。国内目前仍然以生理医学模式为主。

抑郁症又称抑郁障碍，以显著而持久的心境低落为主要临床特征，“情绪的消沉可以从闷闷不乐到悲恸欲绝，自卑抑郁，甚至悲观厌世，可有自杀企图或行为”，身体可能“发生木僵”，“部分病例有明显的焦虑和运动性激越”“严重者可出现幻觉、妄想等精神病性症状”。

这些症状听起来够恐怖的，也的确吓着了很多人。

抑郁症在我们的社会被妖魔化了，一般人都谈虎色变，对抑郁症的恐惧可以说比对癌症有过之而无不及。癌症的治疗效果不断提高，有些癌症还有治愈的可能，而很多人接受了生理医学的抑郁症观念，即抑郁症只可控制，不可治疗，必须终身服药。

生理医学的抑郁症治疗针对症状，而忽视导致症状的原因。

很多抑郁症患者都很清楚，自己的抑郁情绪有明确的诱因，即便当事人说不清楚原因，也可以通过高水平的咨询师通过询问分析出来。

小飞明白自己的抑郁是人际关系障碍和学业压力所致，思思情绪崩溃的原因同样如此——不过她的人际关系困难主要是与专制、粗暴的父亲之间的冲突。其他导致抑郁症的原因包括丧亲、疾病（如癌症或慢性疼痛）、孤独，社会排斥、离婚、金钱困难、事业障碍之类有压力的生活事件，以及理想与现实的冲突、人生目标与意义的缺失感，等等。这些问题都不是以生理疾病为对象的生理医学的研究范围，而属于人文心理学的思考对象。

抑郁症在表象上是医学问题，实质上是人文问题。因此，从根本上说，抑郁症不是生理病，而是人文病。

人文病而采取生理医学治疗方式，辨证都错了，治疗当然没有效果。

当然不是说抑郁症的药理治疗没有价值，只是，病理治疗针对的是抑郁的症状，也就是表象，而对导致抑郁症的根源无能为力。

生理医学处理抑郁症的方式，就好比一个人发烧了，去医院看病，医生直接就给了退烧药。像抗抑郁药一样，退烧药可能可以（也可能不可以）改善症状本身，如失眠、情绪的严重波动。但因为没有解决根源问题，如果继续求治，当然只能不断吃药对付症状，也大概率会贻误病情。

正如体温升高是由不同原因导致的一样，抑郁也是不同原因导致的。

不同的是，医生会查找发烧的原因，针对原因进行处理，因此，治疗经常行之有效，而生理医学对抑郁症的处理针对症状，而不针对致病的原因。

四

人是接受暗示的动物，抑郁症、双向情感障碍、焦虑症之类的称谓暗示人文问题、情绪障碍是生理疾病，人们也习惯性地寻求医学、药物治疗。

为了避免采取错误治疗，抑郁症的去病理化非常重要——这也是国际上抑郁症治疗的一个趋势。

抑郁症是由各种人际关系、现实困难和精神困惑导致的，解决抑郁，需要直接针对具体的导因，对症下药。不妨有什么事说什么事，有什么问题解决什么问题。例如，如果抑郁是处理不好人际关系所致，那么，不要把自己看成抑郁症患者，试图通过服用抗抑郁药解决问题，而是直接去针对人际关系困难，学习沟通技巧，克服关系障碍。导致抑郁的关系障碍解决了，抑郁自然就解除了；如果学习困难导致了抑郁，那就看什么原因导致了学习困难，采取针对性措施，或者优化学习策略，或者补习功课，或者转学，或者调低期望，等等。

生理医学模式不解决导致抑郁的根源，不能在实质上帮助患者，还可能带来负面的心理暗示和后果。

采信该模式的患者会接受抑郁症不能治愈、必须长期服药的假设，这本身就是一种悲观的解释方式，容易让患者接受抑郁的状态，自视为病人，结果更不利于他们采取心理自救；家人和周围人因此把他们视为病人，对待抑郁症病人，很多人缺乏对生理疾病病人对那种不带道德判断的同情，多少对他们另眼相看，同他们相处容易有紧张感。而抑郁症患者本来就敏感、自卑、多疑，这样的态度容易被他们内化，进而降低他们的自尊感，同样不利于他们摆脱抑郁，甚至加剧悲观、抑郁心理。

五

抑郁症的人文—心理认识治疗在西方已经有近百年的历史，经过了精神分析、行为主义、认知心理学等不同的发展阶段，形成了数百种治疗方法，学科、行业已经非常发达、成熟。

我国的抑郁症人文—心理治疗行业处于野蛮生长、良莠不齐的阶段，有资格证的咨询师数量不少，提供心理治疗的机构也很多，但是，能干的咨询师并不多，患者并没有很多可靠的选择，很多患者不知道如何选择咨询师，花了时间和金钱而没有得到有效治疗的情况很多。

抑郁症的心理治疗已经成为首选。像美国一样，即便生理医学模式的抑郁症治疗也常规要求心理咨询。住院期间，医院在提供药物治疗的同时，也给小飞提供了心理咨询服务，父母还通过其他途径为小飞介绍过几位咨询师。开始的时候，小飞积极配合心理咨询，但很快就觉得这些咨询师都没有帮到他，认为他们不过是说了一堆陈词滥调、心灵鸡汤，而且，更糟糕的是，他觉得“那些人根本就不关心我，只是挨时间，到时间就收钱”。

最近一次住院，他拒绝了院方提供的心理咨询，现在父母一提起心理咨询，他就烦躁。

抑郁症患者不断增多，生理医学无能为力，人文—心理治疗力不胜任，怎么办？

六

除了去病理化，对抑郁症的祛魅也非常重要。

如前所述，抑郁症的症状真实存在，患者真的可能感到走投无路，痛不欲生。每年因抑郁症而自杀的人数不断上升，患者感觉仿佛被关在一个封闭、没有门窗的黑屋子里，或者如同一叶小舟在月黑风高之夜漂荡在波涛汹涌的海上，或者愤怒的火焰在心中燃烧，怎么也无法排解，还常常觉得自己的痛苦没人理解，无处诉说，不能不说够严重、够绝望。但这些感受都是心理真实，并非客观真实，回归到抑郁症诱因的人文性，直接针对诱因，抑郁症的处理并不困难，往往就是转念之间的事，“一念地狱，一念天堂”，甚至也并不一定必须依靠专业的心理咨询师——虽然，如果能找到优秀的咨询师、治疗师，问题可以得到更快更圆满的解决。

抑郁症和导致抑郁症的各种因素，存在的历史与人类本身的历史一样悠久。抗抑郁药也好，心理咨询也好，不过只有几十年的历史，在此之前，人类一直在处理这些问题。

有些人可以依靠自己的毅力和方法改善心境，克服抑郁。小飞的妈妈就是例证。这样的人所在多有。很多人嘲笑心灵鸡汤，其实很多所谓鸡汤中包含着朴素而深邃的道理，认真实施，未必不能帮助自己。

有见识的长者、善于倾听的亲戚朋友，都可以发挥心理咨询师的作用。如果说抑郁症被妖魔化了，那么，心理咨询被神秘化了。人们以为只有心理学专业毕业的人才能做心理咨询，又把心理学视为神秘、高深的学问。心理治疗大师卡尔·罗杰斯指出，一个人只要善于倾听，能够做到无条件接纳，就可以实现心理咨询的效果。美国著名基督教心理咨询师马克.R.麦克明指出，咨询师与来访者的关系对咨询效果的贡献占到一半以上，心理咨询方法反而是次要的，咨询师自身的阅历、修为、学识、心理能量，比咨询方法重要得多。换句话说，不管是谁，不管有没有心理学背景，只要有一颗同情的心，一双善于倾听的耳朵，就可以为抑郁症及其他情绪障碍患者提供帮助，如果还阅历丰富、见多识广、足智多谋，那帮助就更大了。

我们每个人或多或少都可以为情绪抑郁、焦虑的亲朋充当咨询师，每个人都可以在自己的身边发现这样的人。

当然，这不是否认专业咨询师存在的价值。

人文心理咨询有不同的流派。几乎所有的治疗方法都有效果，但是，不同取向的治疗方法见效有快慢、强弱之分。心理咨询是根据时间收费的，耗时长，意味着花费高。

国内占主流地位的心理分析是一种见效比较慢的心理治疗方法，也有很多咨询师采用卡尔·罗杰斯的“无条件接纳”理论。虽然很多人不一定掌握了积极倾听的精髓，光听而不给予指导，实施起来也比较容易。

在美国，心理分析方式已经式微，主流的心理疗法是不同形式的认知疗法，其中，影响最大的是阿尔伯特·埃利斯发明的理性情绪行为疗法（REBT）。这种疗法以斯多葛派哲学和存在主义哲学为基础，其基本假设是，导致情绪障碍的不是具体事情，而是当事人对事情的非理性解读、反应。另外，存在主义哲学认为人是选择的主体，鼓励人为自己的选择负责，为自己的情绪负责，而情绪，是思维方式导致的。解决情绪障碍，最终始于思维方式的改变。

像小飞一样，国内很多对心理治疗失望的人有一个共同的抱怨：咨询师要么就是听，要么就是给一些心灵鸡汤。对于很多无法解决情绪障碍以致需要寻求专业心理咨询的人，倾听、鼓励、鸡汤可能在刚开始的时候带给他们轻松的感觉，但是，他们需要的是具体的指导，希望尽快解决现实问题，这就不能靠倾听、接纳、分析过去来实现，而需要理性情绪行为疗法这类更积极、进取的方式。在无条件接纳、同情倾听理解的前提下，分析情绪障碍背后的非理性情绪和有害的思维方式，及至同来访者讨论解决具体问题的方法，这样才能迅速、有效地帮助当事人。

正如好的老师要靠碰一样，好的咨询师更是如此。多打听、多接触非常重要，不要一下子就定下咨询师，而要了解清楚咨询师的流派、治疗思路、所需时间、治疗目标，在考察咨询师的时候，一定要使用常识和理性，不要光看名气。好的咨询师情绪积极、饱满，态度积极、热忱，富有同情心，乐意帮忙，认为问题可以解决，他们把来访者视为平等、相互尊重的合作伙伴，而不是接受分析甚至臧否的对象。

找有过积极治疗经验的朋友推荐是找到好咨询师的一条捷径。即便开始了咨询，一旦感觉不好，应该果断停止合作。但是，不要放弃，继续查访，直到找到匹配自身个性和需要的咨询师。

关心青少年抑郁，应该关心什么及如何关心

一

中考还有两个月，小坚（化名）的学校召开毕业年级全体同学和家长会议。在校长讲话期间，他冲到主席台上，抢过校长的麦克风，叫着父亲的名字说："你不是要面子吗？我现在就给你！"

父亲赶紧跑上主席台，温言安抚儿子，小坚不依不饶，拳击父亲。台上的领导和老师们好言相劝，让父亲带孩子回家。

同样的事情，放在十年、二十年前，父亲和老师会是另一种截然不同的反应。常规的处理办法是对孩子进行严肃批评、教育，要求认错、写检讨，以至给予其他形式的惩罚。回家以后，很可能还免不了被父亲教训、责罚。

今天，情况发生了根本性改变。无论老师还是家长，都没有就这事和小坚交谈，事后大家提都不提，好像没有发生一样。

为什么会这样呢？这样好吗？

二

老师、家长想必不会认为小坚的行为没有问题，也不是不想管，而可能是不敢管、不知道怎么管。

观念决定认知和行为。

今天，一些家长和老师从心理病理的角度理解青少年学生的不良行为表现。在行为问题心理病理化的氛围下，小坚很容易被视为心理病人，或者更准确地说，被视为“抑郁症”患者——抑郁症几乎成了心理障碍的统称或代名词。

实际上，老师早就把小坚当作心理疾病患者对待了。

此前大半年时间，他上学三天打鱼，两天晒网，迟到、早退是家常便饭，每周到学校的三四天，也多在睡觉中度过，不睡觉的时候会离开教室，在校园里四处闲逛。他也很少完成家庭作业。

这些行为多半都被当作抑郁症的表现，而无人关心行为背后的原因，以及如何帮助他。学校一再要求父亲带孩子看心理门诊，取得抑郁症诊断证明。父亲对此很犹豫。他担心诊断进入孩子档案，给孩子的前程造成不可预测的障碍。最后，哪怕没有诊断证明，学校也要求父亲与学校签免责协议，承诺孩子在学校如果出现自杀的情况，不能追究学校的责任。

可以理解学校的自保需求。另一方面，可以想见，老师们不知道如何对待一个“抑郁症”学生，担心刺激孩子情绪，导致“自杀”，于是干脆放任不管。用小坚父亲的话说，“把他当成空气”，希望孩子转学、休学。

三

近年来，“抑郁症”的概念从无到有，从不为人知到如癌症一样知晓度极高，抑郁症的诊断率也不断提高。据《中国国民心理健康发展报告（2019—2020）》，我国有9000多万抑郁症患者，其中，青少年学生占有很大的比例，发病率近25%，重症率近7%。

自从有了抑郁症这个概念，从官员到青少年学生，媒体公布的自杀原因常常是“抑郁症”。前述报告指出，中国每年自杀的青少年达10万人，抑郁症是第二大主因。

自杀是抑郁症导致的，抑郁症会导致自杀，抑郁症自然很恐怖，也引起了社会、家庭、学校和政府普遍的担忧和广泛的关切，从国家教育部到各省、市教育部门和各个学校陆续出台政策，采取应对措施。

从不关注学生的情绪、心理状态到关注、采取行动，这无疑是一个进步。另一方面，正如西谚所说，“手上有一个锤子，看什么都是钉子”。在抑郁症建构和传播的过程中，青少年学生的不良行为表现在认识上有演变、泛化为心理疾病问题的趋势，出现了家长、老师害怕孩子抑郁、自杀，因此不敢正常指出和纠正孩子行为问题，不是积极帮助孩子，而是希望摆脱孩子，让孩子转学、休学的现象。这种现象同样令人担忧，也需要引起关注和改变。

四

究其实，一些老师和家长对抑郁症存在误解。

抑郁症是一个新近出现和流行起来的概念，但它并不是一种新的疾病——甚至，把抑郁症说成“病”都不恰当。至少，把它理解为生理、器质性疾病并不恰当，其终身无法痊愈的说法颇有争议。

抑郁症是一组情绪、心理症状的总称，至今都不能通过实验室化验或者影像手段诊断。抑郁症是大脑内某些化学物质缺失或者失衡的生理—精神病学理论至今没有得到证实，只能采取诊断量表，根据患者的主观报告或者旁人的观察，做出诊断。

抑郁症患者的确痛苦、悲伤、迷茫、绝望，常常伴有焦虑，严重者有自杀念头，甚至自杀，但是，抑郁症只是表象、症状，并非疾病本身。正如发烧只是表象、症状，不是疾病本身一样。

症状是由原因导致的，这些原因才是真正需要处理，也可以处理的问题。

五

一般来说，青少年抑郁、焦虑有以下五大主要导因：

第一，是亲子关系。如果父母紧张、焦虑，对待孩子专制、粗暴，高标准、严要求，少倾听协商、多控制指责，孩子就容易压抑、抑郁；另外，遇到父母离异、家庭遭遇其他重大变故，而成人又对孩子疏忽，不够关心时，孩子也容易抑郁。

第二，是师生关系。感到受到老师（尤其是班主任老师）不公平对待、嫌弃、冷遇，以及遭到公开批评、羞辱时，孩子容易抑郁。

第三，同伴关系。遭到同学排斥、孤立和霸凌时，孩子可能陷于抑郁。

第四，学习压力。不夸张地说，每个孩子都想考第一名，都希望得到老师的肯定、同学的欣赏，理想和现实落差过大，尤其在班级长期排名靠后，受到忽视、歧视的情况下，孩子会有自卑感、羞耻感，从而陷入抑郁。

第五，迷茫、意义感缺失。迷茫、意义感缺失导致抑郁的情况在初中以上年级的学生中占有一定的比例，越到高年级，由迷茫、意义感缺失导致抑郁的情况越多。

以马斯洛的需求层次理论观之，当匮乏性需求得不到满足的时候，人就会出现抑郁等心理障碍。当今的青少年没有衣食之类的物质层面的匮乏，平等、心理安全、爱、归属、自尊成为优势需求，这些需求只能在关系和交往中获得，而我们的家庭、学校对这些问题的认识和理解还不够。

抑郁症的导因大多都不是孩子自己可以解决的，更多是被动承受。或者说，抑郁症根本就是他们的一种消极抵抗和消极反应，而解决抑郁症，根本上就是解决这些问题。这些问题并非生理病理问题，无法通过药物根本解决，虽然抗抑郁药、抗焦虑药有缓解重度抑郁症状的作用——其作用机制与退烧药、止痛药相似。

六

解决问题的前提是认识问题的根源。

正如有经验的医生不会轻易给发烧病人吃退烧药了事，而是会找出导致发烧的疾病。抑郁症的治疗与此相同：要治疗的不是抑郁症症状，而是发现并治疗导致抑郁症的原因。

明白了抑郁症的导因，明白了孩子痛苦的根源，可以针对性地解决问题，其中很重要的是家庭、学校，乃至社会的改变，为孩子们提供心理友好的成长环境和条件。

成人需要改变和孩子的沟通、互动，给他们更多的平等、尊重、理解、包容、接纳。

在他们失败、犯错误的时候，不宜责备、否定，更不要当众吼叫、羞辱他们同时，也不要因为担心孩子抑郁、崩溃、自杀就无视、放任不管——这只会让孩子更加觉得自己没有存在价值，不被接受、接纳，从而加剧抑郁。失败、犯错的时候，是孩子最需要同情理解的时候，需要耐心、善意地帮助他们认识、正视问题，让他们明白失败和犯错不可怕，可以再来，可以改正，并从失败和错误中学习——这就是成长，也是师者和父母的应尽职责。

学校和家庭也要改变以考试成绩作为唯一评价标准来判断孩子价值的做法，不把孩子的存在价值与学习成绩挂钩，如是接纳孩子，让每一个孩子都可以为自己感到骄傲。

我们也需要培养孩子的人际交往能力，鼓励孩子们团结、互助，关注孩子的同伴关系，在孩子遇到排斥、孤立、霸凌的时候，积极帮助他们化解矛盾，重建友好关系。

针对迷茫、意义感缺失的问题，家长和老师可以给孩子更多的自主权，通过帮助他们树立家庭及社会责任感，承担力所能及的责任，让他们意识到可以通过自己的努力和行动带来改变，给集体和他人带来利益，从而获得能动性，感到自我效能、自信心、荣誉感——这些积极情绪能有效地驱散迷茫、无意义感、无价值感。

抑郁症患者仍然具有正常的思维能力和是非判断能力，在他们违规、行为不端的时候，仍然需要指出，该道歉道歉，该纠正纠正。只要是真正地出于关心、关爱，以平等、尊重、友善的方式，指出问题时客观、公正，其实并不会刺激孩子的负面情绪。除非遭到羞辱、严重不公平对待，抑郁症患者并不至于崩溃，或者轻易采取自杀行动。

七

回到小坚的故事。

本文开头提到的事件之后，老师和同学对他更疏离、更冷漠了，他也更加畏惧上学，要么刚出门时就头痛，要么等不到放学就喊肚子痛，想回家。

可以想见他在那样的人际环境中是多么煎熬，他又怎么能够正常学习？

好在他有一个真正爱他、愿意为他改变的父亲。

父子俩一起寻求了心理咨询。

任何行为都有动因。小坚不满父亲在去学校的途中几次以命令的语气要他做这做那，他认为父亲“装老大”，心里非常愤怒。他对父亲的这种不满由来已久，而他又是一个对平等、尊重要求很高的孩子。另一方面，他在愤怒时容易情绪失控，不考虑后果，于是做出了在大庭广众之下“惩罚”、报复父亲的举动。

明白了孩子的心理和行为动因，父亲释然许多，愿意并积极改变和孩子的沟通方式。

小坚承认自己行为不当、不智，与他想建立良好形象，希望得到老师及同学肯定、欣赏和接纳的目标背道而驰。

后悔、自责、羞愧并不解决问题，只能恶化心境，加剧抑郁。认识到问题，知道错在哪里，如何解决之后，关键是鼓励孩子向前看，避免在将来重复同样的错误思考方式和反应方式。

通过具体事件、情境学习和练习理性思考、积极反应的方式，通过价值观梳理、情绪管理方法学习，小坚的反应方式和行为水平得到了持续提高。

小坚其实是一个非常聪明，学习能力很强的孩子。最终，他考上了一所不错的高中。开学一个月了，他的行为表现有很大的改观，在有些项目上有优秀表现，获得了良好的感受。他的情绪、行为趋向积极，抑郁、焦虑现象大为减轻。

青春期爱情的迷与思

——从一对高中生恋人的情感纠葛说开去

一

高三女生Amy与男友的爱情不像想象的那么美好，男友对她有暴力行为，彼此在思想观念上也不乏冲突。她屡次想结束这段关系，但因男友反应激烈，扬言自杀而一拖再拖。她担心男友真的付诸行动，这样一来，她觉得自己就要为男友的轻生负责，因此犹豫，备觉煎熬。

二

青春期的恋爱来得猛烈，令人炫目，没少得到文人骚客的颂赞，可实际上，由于当事人的不成熟和理性欠缺，青春期恋人很容易发生冲突。一旦冲突，又因缺少情感冲突处理经验，容易走极端，遭到拒绝的一方甚至可能“威胁”要伤害自己，或者伤害对方。这样的情况并不少见，虽然真付诸行动的并不多。

恋爱期间，Amy遭到男友暴力对待，这是一个非常危险的信号，说明男友的情绪不稳定，情绪管理能力低下，不排除情绪失控情况下给她造成身体重大伤害甚至危及生命的情况，所以，必须考虑自己的人身安全问题。

Amy也发现与男友有思想观念上的冲突。在理智且成熟的人那里，思想观念不一致不一定是坏事，甚至是好事——因为可以丰富彼此的视野。但是，对于情绪不成熟的人来讲，则可能是冲突的来源，带给双方的可能主要是苦恼。如果是这样，这段关系对彼此的价值何在呢?

如此说来，Amy想结束关系很正常，也是明智之举。但是，男友用如果分手就要自杀之类的话威胁她——而不是积极改变自己，进而维护和改善关系，这就已经背离了相爱的初衷了。

像这个年龄的很多人一样，Amy害怕了、犹豫了。

三

一个人表示失去恋人就生无可恋，准备一死了之时，一种常见的误解是，这表示爱之深，说明很看重关系和恋人。基于这种误解，想结束关系的一方往往会犹豫、感动、有负疚感，于是可能继续留在关系中。

除非能够互相帮助，共同学习、成长，否则，勉强维持关系不过是在一起更多、更深地彼此消耗而已。Amy不止一次向男友提出过分手，男友屡次以轻生相威胁，关系又得以维系，或者有这个误解的因素在内。

另一重更大的误解是，如果一方果真做出自伤甚至自杀的举动，那么，另一方要为对方的行为负责任，因而恐惧，进而不敢退出关系。

无论如何，男友的威胁对Amy是有效的。

四

一个以威胁自杀的人连自爱都谈不上，何谈爱别人？那不是爱，不过是假借爱的名义达到自私目的的手段而已。这种做法很幼稚、很恶劣。

实际上，爱是一种能力。真正的爱意味着对爱的对象的欣赏、尊重、珍惜，其前提必定是对自己的欣赏、尊重、珍惜，希望并且相信自己的爱能够带给对方快乐、幸福、成长。一言以蔽之，希望对方因为自己爱的浇灌，生命之花绽放得更加充分、更加灿烂。

相反，假借爱的名义的伪爱不过是把对方作为实现自己自私目的的工具，并不考虑自己的感情对于对方的价值和意义，而是以自己的需要为中心，如果对方的言行不合意，顺我者昌，逆我者亡，所以有言语和身体上的攻击——没有歧义，言语和身体攻击与真正的爱无关，也不是什么脾气不好之类的各种糊涂解释。自伤、自杀之类的言语威胁和行为，也与爱无关，不过是幼稚而低劣的伎俩，不是在任何意义上珍惜另一个人，而是以此恐吓、蒙蔽和羁绊对方。

顺应无疑意味着纵容，妥协意味着在一段糟糕的关系中越陷越深，究其实，对双方都没有任何正面的价值和意义可言。

五

如果一个人因为恋爱失败自伤、自私，曾经的恋爱对象要负责任吗？法律上当然是没有责任的。

那么，有道义责任吗？如果已经明确告知决定结束关系了，并且已经了结了金钱、财物方面的事情（在Amy的案例中，她的一些社交账号绑定的是男友的手机号码，这也是她犹豫结束关系的一个原因。这提示双方交往程度不浅，但对于考虑是否结束关系，是很不重要的方面，就算是那些账号都作废了，也没什么要紧），那么，道义责任也了清了——虽然，当然可以善意规劝，必要时告知对方家长或朋友，直至警方，采取防范、挽救措施。

其实，更多的情况，自伤、自杀的话就是说说，吓唬对方而已。这是一种道德绑架。要克服这个圈套，处于Amy这样状况的一方需要告诉自己，其实自己、自己的那点儿感情对对方没有那么重要，自己也承担不起，不应当、也无须承担对对方生命的责任。

假如因为自己的确不享受这份恋爱关系，选择退出，而对方果然自杀，那不过说明对方对自身生命的轻视，那是很多原因造成的，失恋顶多是一个诱因，甚至连主要原因都谈不上。二者并非因果对应关系，与爱更是风马牛不相及。

诚然，每一个生命的逝去都是可惜的，但是，选择退出关系的一方无须觉得自己需要承担责任——这样的想法并非事实，说善良那是对善良的误解，说软弱也太轻飘，其实也有自恋和自以为是——这可能是很隐秘、一般难以觉察的心理秘密。

所以我认为，谁也不是谁的上帝，每个人都要为自己的情绪负责。谁对谁都没有那么重要，也不应该那么重要。

六

说到底，每个人都必须为自己负责，也只能为自己负责。

与其无益地担心离开以后男友会自杀，出于恐惧不敢结束关系，不如首先考虑自己的感受，真实地面对自己的情感状态，对自己负责，而不是出于误解的爱和恐惧勉强留下。如果留下又并不能给予对方真正需要的，可以滋养对方成长的爱，留下对双方都没有正面的意义——其实，男友的状态和反应已经证明，Amy的爱对他并没有积极意义，他在恋爱关系中并没有变得更好，生命并没有变得更昂扬，Amy也是如此。他们的关系早就进入了对彼此的消耗，果断结束关系，对彼此都好。结束以后，各自去解决自己的情绪，自己去学会成长，去具备唤起爱、给予爱的能力。

七

关于青春期爱情，我们的文化自相矛盾，一方面在实践中限制青少年恋爱，把青少年恋爱视为洪水猛兽，围追堵截；另一方面，文学、艺术、流行话语又有不切实际地美化青春期爱情的倾向，把它说成是最纯粹、最纯真、最纯洁的爱情。

围追堵截经常失效，结果导致孩子们把恋情转入地下。在他们处理不好关系，为之痛苦、纠结之时，因为不知情，家长与老师失去了引导、帮助他们的机会，导致他们遭受很多不必要的恐惧、痛苦，令人叹惋。

对青春期爱情的美化其实是一种认识误区。它在何种意义上是纯粹、纯真、纯洁的?

无论是青春期爱情，还是其他年龄段的爱情，都可以是纯粹、纯真、纯洁的，也都可能充满自私、算计、利用，甚至奴役。爱还是伪爱，不取决于年龄，而取决于具体的恋爱中的两个人的心理成熟水平。

爱不仅是意愿，更是能力，是让对方感到爱、唤起对方的爱的能力，本质上是付出，而不是得到。爱是通过积极的付出赢得积极的回应，进而唤起彼此更多积极的付出和回应，如此共同合作，良性循环，一起生产出更多更丰盛的爱，泽被彼此。把对方作为自己的工具，以索取、限制对方为目的，结果只能导致爱的枯竭，关系的恶化，哪怕双方在一起，也没有真正的受益人。

真正的爱必然具有无私的品质，是希望爱的对象好，如果自己有助于成全、促进对方的好，那就留下。否则，一个有尊严的人会自动选择离开，祝愿有更合适的人爱对方，哪里还会纠缠，哪里还会有这样或那样的威胁?

人本主义心理学家马斯洛把爱分为匮乏爱和存在爱，这个划分非常有解释力。事实是，一般人（与年龄并不必然正相关）处于匮乏需求尚未满足的状态，多少都把爱的对象作为满足自身需要的工具。处于这种心理状态的时候，恋爱关系成立和维持的前提是彼此满足对方爱的能力大致对等，在这个意义上，爱情其实是一种能量交换，交换的前提是对等。否则，感觉关系没有提供足够的爱、得不偿失的一方就会选择离去。无可厚非，非关道德。

能够付出和享受存在爱的人，是心理很大程度上已经超越了匮乏性需求的人，是心理成熟水平较高的人。这样的人对外界的依赖很小，有能力和实力付出真正的爱，不会把恋爱对象作为实现安全、快乐的工具。

存在爱才称得上是真正的爱，纯粹的爱、纯真的爱、纯洁的爱，也是有理智和节制的爱，这种爱也可能发生在青春期少年人的身上。但是，作为更可能处于匮乏性需求阶段的人，他们的爱，其实更多是有条件、有需要的爱，又有多少人有能力付出真正的爱呢？那种热烈、不管不顾的爱，更多的不过是情绪化而已，不需要贬低，也不值得过高地颂赞。

为爱自杀？不存在的！

一

高一女生蕊蕊早恋了，父母本能的反应就是阻止，晓之以理、唠叨、指责、吼叫轮番上演，搞得和女儿越来越对立。眼看阻止不成，他们的下一道防线就是避免女儿和男朋友发生性关系，为此，母亲坚持接送女儿上下学，父亲则负责其他时候的吊线、跟踪。他偷偷登录女儿的QQ侦查女儿的动态，找女儿的朋友探听情况。

一波未平一波又起，就在他们感到筋疲力尽的时候，突然接到了蕊蕊老师的电话：蕊蕊割腕自杀了。

所幸蕊蕊只是把手腕割出了几道浅浅的伤口，并没有性命之虞。她真正的伤在心上：和男朋友闹意见不到十天，还在犹豫着是继续还是了断的时候，她得知他和自己的闺密好上了。

就像这类故事常见的情形一样，男朋友“劈腿”闺密的事情同学们已经传得沸沸扬扬，蕊蕊是最后一个知道的人。

听到消息后，她一时急火攻心，羞愤难当，抓起一把水果刀，割向自己手腕，在准备割喉的当口，刀被惊呼的同学抢下。

她被认为为爱自杀。

二

青春期恋爱的洪水，疏比堵好，如果发生了严重的后果，父母可以积极帮助孩子应对。

蕊蕊的妈妈请假在家陪了女儿半个月，女儿的情况还是没有好转。她自觉无力帮助女儿摆脱情绪困境，便积极寻找外力。

她自己先同我在微信上交谈了三次。每次交谈后，她都按照我的建议，坦率、真诚地把我们交谈的内容转告女儿，蕊蕊终于答应和她一起来见我。

三

男友与最好的女朋友在一起了，蕊蕊一下子失去了关系最亲密的两个人，对她的打击已经很大了。

相比一般的恋人分手，蕊蕊、男友和闺密之间的关系被视为“三角恋”，更容易成为热点话题，在校园传得沸沸扬扬。

关于这个故事的主流话语是：男朋友“劈腿”闺密，蕊蕊遭到了双重背叛，还被当成傻子，蒙在鼓里。

很多同学都同情蕊蕊，谴责那两个人，也有少数同学幸灾乐祸。蕊蕊显然内化了这套话语，她把自己当成了受害者，自哀自怜，自卑自怨。

幸灾乐祸、同情都对蕊蕊有负面心理效果。对前男友和闺密的怨愤也令她不堪重负。多重负面情绪压力如同构成的一张黑幕，遮蔽了她心灵的天空，她的内心世界崩塌了，无助、焦虑、失眠。

四

我眼前的姑娘冷峻、疲惫，惹人心疼。

“你快乐吗？”

“不快乐。”

“为什么？”

“我长得丑，没人爱我。”

“这不是事实，你长得很美啊！”——蕊蕊个头高、身材健美，五官也很有特色。

“谁说女孩子必须长得美才能赢得爱情呢？大多数人都长相普通，他们很多人都赢得了爱情啊！”

“可是我的男朋友不要我了。”

“你觉得他是因为觉得你长得丑才离开你吗？那你怎么解释他当初追求你？”

于是她讲起了和男友的交往过程。

五

蕊蕊的男友从小失去了父母，是奶奶带大的。他高中没毕业就辍学了，打工为生。他富有阅历，长相俊朗，善于耍帅，对小女生很有吸引力。

当初蕊蕊“战胜”众多女生，成为男友的恋人，心里很是骄傲。

交往半个月后，男友带蕊蕊开了房。蕊蕊还是处女，躺到床上的那一刻，她意识到自己并没有准备好把“第一次”交给男友，于是要求起床、回家。

男友几次索爱无效，不再勉强，问她：“你给不给？”蕊蕊表示：“不给！”男友追问：“你是不是不爱我？”蕊蕊说：“不是……我不知道。”

那晚之后，男友没再找蕊蕊。蕊蕊找他，他避而不见。

蕊蕊和男朋友对爱的理解和对恋爱的期待不一样。

蕊蕊要的是男友陪伴她的感觉，她怀有女性性珍贵的传统观念，把性视为对男性的赠予。男友需要性、需要她的身体。他把女友是否给他性视为她是否爱他的证明。

六

男友可以要求，蕊蕊可以拒绝，在当代语境下，没有道德上的高低、对错问题。男朋友并没有用强、勉强，对蕊蕊足够尊重，算得上一个守规矩、有尊严的男生。

男友的要求得不到满足，对彼此关系失望，离开很正常，不存在抛弃的问题——抛弃的说法，其实是传统男女关系叙事对女性的矮化、物化。

人和人的关系，建立在平等、互动的基础上，不是人和物品之间那种人单方面拥有物品、可以抛弃物品，物品只能被动接受的关系。

就算一定要说抛弃，男朋友会不会觉得是你先不要他呢？

你拒绝他的性要求，拒绝接受他爱的表达，他觉得你不是真的爱他，他的自尊心、自信心可能受到了很大的伤害。选择结束和你的恋爱，然后和另一个女孩好上了——只不过这个女孩儿碰巧是你的闺密。

七

如果男朋友跟你闺密在一起，只是说明他们互相能够满足彼此对爱和感情的需要，跟你有什么关系呢？你没什么损失啊？

你和他已经结束了，有没有说出分手的话并不重要，虽然他可以做得更好。但他已经用行动表达了——他不联系你，也不响应你联系的消息。

一段关系结束了，他和任何人在一起都是他的自由与权利，只不过碰巧这个人是你的闺密。

为什么这个人不可以是你的闺密呢？是不是你的闺密，对你又有什么区别呢？

如果你真爱你的闺密，她得到爱情，你不是应该为她高兴吗？你不祝福她，断绝和她的关系，是不是小气了呢？

八

男友和闺密找你说明他们的关系，解释说是你拒绝男友性要求、男友认为你们已经分手之后，他们才开始在一起的。

你为什么不相信他们呢？你有什么理由吗？

何况，你相信不相信，他们都在一起了，搞不搞清楚情况有什么本质区别吗？你不信任，无非是自己生气、自己折磨自己而已？

“抛弃”“背叛”的话语给蕊蕊极大的伤害，是很大的认识误区。如果她放弃这些视角，只当是两个好朋友恋爱了，完全不必生气、不必难过，甚至可以祝福他们，高高兴兴和他们做朋友。

只要你自己好了，和前男友及闺密处理好关系了，舆论也就慢慢平息了。

九

交谈过程中，蕊蕊的表情越来越轻松。她介绍情况很具体，会提问、会分享自己的想法，听得很专注。

最后，她似乎终于释然了，问我，还可以这样想吗?

我看着她的眼睛，微笑着，用力点头，是的!

十

然后我说，你割伤自己并不是出于爱——既不是爱对方，也不是爱自己，而是出于对男友和闺密的怨恨。客观上对自己是伤害，也给对方很大的压力，整件事没有任何受益人。何须如此?

放宽心胸，放下怨恨，放过自己，放过对方，朝前看吧!

蕊蕊同意。接下来我们谈到她与父母的关系及未来理想。

她的理想是考入一所省外的大学——好远离父亲。她准备积极投入学习，把自己变成更优秀、更精彩的女孩儿，为未来碰到更好的爱情做好准备。

抑郁？原来是友谊的小船翻了

一

高一男生小马（化名）在班里有两个好朋友，三个人一直玩得很好。不知什么原因，近段时间这两个朋友忽然不像过去那么爱找他玩了。他们有了别的玩伴，小马感到自己被抛弃了。

小马从小有一个习惯，他只固定地和一两个同学交往。他不找其他同学玩儿，之前别人找他玩，他都拒绝了。现在好朋友疏远了他，别的同学也不找他玩儿，他顿时变得形单影只。

不可以主动找好朋友或者其他同学玩儿吗？

不敢。

为什么？

害怕被拒绝。

没有朋友，他感到非常孤独，还害怕同学们背后非议——

这未必是事实，而是他内心恐惧的外化与投射。

小马发现自己的确严重缺少安全感，自卑，内心焦灼，沉郁。

无独有偶，差不多同一个时段，高一女生小翼（化名）也陷入了友伴关系撕裂的苦恼之中。她的危机比小马更严重，痛苦程度也更深——她被诊断为中重度抑郁。

小翼在班里也有两个玩得好的朋友。一切都很好，直到有一天，友谊的小船突然倾覆。

那天小翼不在座位上的时候，好友小A翻看了她的私人物品。小翼向来注重个人隐私，特别讨厌别人随意动她的东西，加上这次她数学没考好，心情本来就很郁闷。小A看到她的试卷也就算了，明知道她没考好，还问她难不难受。她强忍屈辱和泪水，回答“不难受”，考得很好的小A竟然说，“你考这么差，怎么会不难受呢？”

这不是戳人痛处，往伤口上撒盐吗？小翼终于怒了，沉下脸来，告诉小A以后别再私自翻动自己的物品了。小A不仅不道歉，反怪小翼小题大做，没把她当好朋友。两人就这样闹掰了。

满腹愤懑的小翼向两人共同的好朋友小B倾诉。小B完全站在小A的立场，认为小翼不该那么敏感、较真儿，还怪小翼把她夹在中间，让她不好做人。小翼觉得遭到了误解，反复解释。可她越解释，小B越觉得她固执，后来干脆不搭理她，连她的信息也不回了。

小翼同时失去了两个好朋友。她感到委屈、恐惧，觉得周围人是非不分，她在价值观上无法和她们调和，无法交流。像小马一样，她也担心曾经的好朋友在同学中间散布对她的偏见，而其他人都会相信她们的话。

想到这个可怕的局面，小翼变得郁郁寡欢，时而哭泣。抑郁症诊断报告加剧了她的崩溃，干脆待在家里，连学也不去上了。

二

友谊是青少年学生自尊心、自信心的重要支撑。朋友疏远、关系破裂冲击心理安全，动摇归属感，自我价值感降低。安全感、归属感、自尊都属于人本主义心理学家马斯洛所说的基本需求。基本需求受损，难怪小马、小翼陷入恐惧和自卑之中，表现出程度不同的抑郁症状。

如今抑郁症在青少年学生中的发生率达25%左右。抑郁症是一组情绪、心理障碍的总称，其存在与人类的历史一样漫长，虽然抑郁症这个名称的使用和广泛传播是近几十年的事情。进化心理学奠基人、美国精神病学家兰多夫·内塞追根溯源，认为包括抑郁、焦虑等所有心理障碍都有一个共同的根源——挫折与失败。因此，处理抑郁根本上就是处理人生的挫折与失败。

抑郁症是症状，不是病因，不是问题、不是“病症”本身。解决抑郁症，首先要找到导致抑郁症的原因。友伴关系危机是青少年抑郁排位非常靠前的导因之一。

解决同伴关系障碍导致的抑郁，根本上就是解决同伴关系困难本身。

三

解决人际关系导致的情绪障碍，有两个方向：一是改善社交策略、提高社交能力，二是改善认知、心理反应机制和回应策略及方法。

容易发生社交危机的人往往朋友数量比较少。小翼和小马都有这个问题。他们都是只和少数一两个同学交好，几乎不和其他同学发生联系。一旦关系疏远、破裂，顿时就成了孤家寡人。

朋友数量少也意味着对单个朋友的情感投入和情感依赖过重，关系恶化带来的心理冲击更加不堪承受。

投资的黄金法则是不把所有鸡蛋放在一个篮子里。作为人际交往策略，青少年学生也可以参考这条黄金法则。不妨扩大交往面，在保持一两个关系紧密的朋友、有个核心朋友圈的同时，建立一个包含更多朋友的次级朋友圈，分散交往。交友的范围也不必局限在自己所在的班级，可以在其他班级和亲友中间发展朋友。甚至朋友的年龄也不必局限于同龄人，年龄层次可以丰富一些。

多交朋友有很多好处。

首先是在核心关系发生变故（这在青少年中间很常见）

时，有替代关系可以提供社交和情感支持，打击和伤害不那么严重；其次，因为分散交往，有替代支持，对好朋友的陪伴需求和情感依赖不那么大，彼此都更轻松、自由，疏朗的关系更健康；再次，扩大交往面有助于扩大视野，丰富见识，有助于成为一个心胸更开阔，更有趣味和人际吸引力的人；最后，和不同的人交往也有助于学习和尝试更多的互动方式，有助于提高社交技能和社交适应性。

很多青少年在遇到社交失败（也包括其他类型的失败）的时候往往习惯性地退缩，在心里翻来覆去回忆、想象、自责或者责备他人……用一句时髦的话来说，“内心戏很丰富”。越想越恐怖，越想越崩溃。

小马和小翼都想象曾经的好朋友会在别的同学面前散布谣言，说自己的“坏话”，而自己的形象就会遭到破坏，进而觉得要被所有同学看不起、孤立。

朋友不一定会那么做。他们不一定那么无聊、狭隘。

就算他们真那么做，就真的可以掌控所有人的看法吗？不排除他们可能暂时影响很多人的看法，或者长期影响一些人的看法，但是，一定不可能一直影响所有人的看法。

要知道“群众的眼睛是雪亮的”，要相信“行胜于言”。只要自己友善、上进、谦虚、乐于助人……只要自己为人行事符合自己认可的“好人”标准，就不用担心得不到大多数人的认同和接纳。

打破偏见、树立良好形象，根本上操之于己，而不是操之于人。这样的认识有助于恢复主动感、掌控感，消减恐惧、无助——缓解抑郁。

显然，小马和小翼都对遇到的困难进行了悲观、灾难化的解读。这样的解读方式导致自己不堪重负。如果就事论事，难受程度、心理冲击会小很多。

如果采取乐观的解释方式，把困难看成是局部性的，不是普遍性、全局性的，只是和一两个人的问题，不是和所有人的问题；是暂时性的，不是永久性的。通过采取积极有效的方法，社交窘境是可以解决的，友情可以恢复，也总是可以结交别的朋友，就不会那么悲观和恐惧，容易恢复正常的心理状态。

当然，小马和小翼的困难也有具体的差异，需要不同的解决办法。

四

小马需要改变被动等待别人寻求接触的习惯，他可以尝试主动找好朋友玩，主动找曾经找过他的其他同学玩。同时，他需要做好接受拒绝的心理准备，放弃那种“我无法接受拒绝”“被人拒绝太恐怖了”的想法，代之以“如果被拒绝，也不是世界末日，我可以接受”“如果被拒绝了，我可以找其他人”的想法，把关注点放在自己身上，不要被还没有发生的、想象出来的糟糕后果消解行动力。

通过和咨询师的交谈，小马也了解到如何成为一个更好的朋友。每个人都希望在关系中获得肯定、支持、尊重……获得安全感、归属感。如果可以为朋友提供这些情感支持，那就会成为一个被需要的朋友。具体而言，在朋友成功、得意的时候，记得送上赞美和祝福，在朋友失意的时候，给予安慰和鼓励，在朋友需要的时候，给予存在和陪伴。

他也同意注意协商与妥协，不要太过主观和坚持自己的主张，要试着去了解和倾听朋友的看法。在关系中如果太过强调自我，不为别人的自我留下空间，彼此之间就相处不好。

为了尽快走出当前孤立的状态，小马准备策划一次活动或者聚会，邀请好朋友参加，如果他们赞同，也可以邀请上他们喜欢的同学一起参加。

通过交谈，小马对于解决困境有了信心，情绪随之好了很多。

五

小翼的原则性比较强，善于主张和捍卫自身的权利、边界，但在人际交往中，这也成了她的障碍。她比较直，反应方式比较单一，包容度和弹性不够。她需要在坚持自我、维护自身权利和照顾朋友感受、维持关系之间找到平衡，改善和丰富自己的表达方式。

可以设想，如果她在发现小A翻了她的东西后，不那么上纲上线，反应不那么激烈，不是指责（指责导致防卫、反攻，经常不能达到让对方道歉或承认错误的目的，无助于问题解决），而是采取友善、温和的方式，例如，“我不喜欢别人翻我的东西，以后别翻了好吗？”则既表达了态度与要求，捍卫了自己，也不会得罪朋友；当朋友问到成绩的时候，如果不是充满防范和戒备，而是坦然承认“对呀，我就是很难受，你要不要安慰一下我啊？”或者“哎呀，晓得你考得好。你厉害！教教我，向你学习！”或者“你考那么好，请客呀！”或者“你考那么好，祝贺你！我请你吃个冰激凌吧”……那么，她和小A就不至于冲突，关系也就不会破裂。

小A的行为的确越界，也没有照顾到小翼的感受，但她有一句话说得没错：小翼的确没把她当好朋友。她对小A的信任和对彼此关系的安全感受都没有达到好朋友的水平——当然，小A的表现也没有达到好朋友的标准。

如果小翼对小B有更多的倾听与接纳，不那么坚持自己的观点；如果她能够换位思考，考虑对方的立场和感受，那么，她和小B之间的关系也不至于崩溃。

小翼知道了问题出在哪里，以及未来如何可以做得更好，情绪好了很多。她还不准备主动联系两位朋友，但也多少理解她们的立场，对她们的怨愤减轻了。

交谈之后，小翼恢复了上学。

六

抑郁高发诚然令人担忧，在学生、家长、学校、社会各个层面引发了焦虑。其实，换个角度，抑郁的普遍也意味着，每个抑郁的人都有很多的同“病”者，这个意识有助于减轻患者的病耻感和恐惧感。

针对青少年学生的抑郁情绪及抑郁症，我们不要只停留在症状上，而要关注导因，也就是他们遇到的挫折、失败，然后对症下药——这个药，主要是指心药，指认识问题、分析问题和解决问题的方式及行为举措，而不是一般理解的抗抑郁药、抗焦虑药。药物只能治标，不能治本。

友谊对青少年学生的心理健康很重要，友伴关系的建立和维护需要学习与实践，这个过程中遇到问题是正常的。问题都是可以解决的。

挫折、失败是挑战，也是学习的契机。只要学会了积极面对问题的态度和思考问题的方法，打破固有的习惯和模式，改善人际交往技能，就可能走出人际关系的困境，同时，获得心理成长和韧性。

家校之间

被学生私下叫名字，这位名师的反应……

也许没有哪个老师不希望得到学生的尊重，正如每个领导、管理者都希望得到下属的尊重一样。这种感情和态度可以满足上位者的自尊心、虚荣心，更重要的是，很大程度上，尊重根本是教育、领导和管理得以有效实施和目标得以达成的基础和前提。

问题是，很多老师、家长、领导对何为尊重、尊重产生和发展机制理解失当，在感觉不被尊重时，往往采取错误的方法；而学生、孩子、下属在没有和失去对老师、家长、领导的尊重时，往往也采取了错误的做法，结果撕裂关系，破坏合作。

小友姝妮是本市一所二类重点中学初三的学生，前几天她和全班同学被班主任C老师盘查了两节课的时间。原因是，老师接到小报告，很多同学私下直呼她的姓名。C老师大光其火，认为同学们不尊重她，兹事体大，必须揪出“罪大恶极”者，予以“示众”、惩处。她首先要求同学们检举叫她名字的“坏”学生，把名字写下来交给她，结果，她收到一大堆“全班同学”，或者“不知道”“没注意”之类的答案。这下她更生气了，诉说自己为了班级是如何鞠躬尽瘁、这个班的学生是如何“狼心狗肺”，誓言不揪出“坏”学生不罢休。最后，几位平时人际关系不好的学生被“丢了”出来，名字写在了黑板上，这些“倒霉蛋”受到语言呵斥、戒尺体罚，还被请家长，并被处以200元的罚款。

C老师对学生直呼其姓名很是生气，觉得受到冒犯，认为孩子们“不尊重”她。这种感受，在特定的时代和文化语境下，是可以理解的。中国社会历来盛行等级文化，基于权力、金钱、学识、辈分、年龄、性别……不同的人之间有上下之别，尊卑之分，处于下位的位卑者，无论公开还是私下里，不能对上位者、位尊者直呼其名，要用头衔或者尊称。

历史上，西方也是如此。不过，在进入近现代，尤其是当代以后，等级制文化退出了历史舞台，人格、权利的平等取代了基于权力、身份、地位的不平等，“人人生而平等”的观念在宪法上得以确立，深入人心，体现人与人不平等的尊称也很大程度上退出了人际交往。上下级之间、下辈与长辈之间，除非在很正式的场合，或者很陌生的关系，大家多以名字相称，不仅侄辈对父母辈长辈直呼其名，不少家庭里，孩子对父母、祖父母也是直呼其名。

可以说，称谓一定程度上折射出社会的平等程度。平等程度也是衡量一个社会现代水平的主要尺度。

就像很多日常用词用语一样，虽然经常使用，但我们未必真解其义，常常语义含混、概念不清。尊重这个词语和概念本身就有古今理解之别。根据辞典释义，“尊重”是尊敬、重视的意思，古语指将对方视为比自己地位高而必须重视的心态及其言行，现在则已逐渐引申为平等相待的心态及其言行。

现实生活中，很多老师、家长和领导取“尊重”的古意，视为对学生、孩子和下属的单方面要求，而没有意识到，在当代，尊重的前提是彼此平等相待，是相互的。真的，我们尊重对方了吗？实践中，关系讲究的是对等，如果我们没有以平等、尊重的方式对待对方，又怎么能够期待和要求对方尊重我们？

生长在中国文化语境下，学生们其实知道“不该”叫老师的名字，叫名字代表对老师的“不尊重”。

姝妮的同学叫某些老师的姓名，其实是无奈、故意之举，以此发泄对这些老师的讨厌、愤懑甚至轻蔑，是对老师管理班级和对待同学方式的不满。这是一种消极抵抗，有助于疏解自身心理压力和不良情绪。

老师持有的是传统师道尊严、师生不平等观念，而学生更多是现代的人人平等、师生平等观念。他们不会无条件尊重老师，他们并非对所有老师都以名字相称。他们把喜欢的老师叫作

“老师”，或者给起了可爱的昵称，只对他们反感的老师，才以名字相称，甚至还给起了不雅的绰号。

很多学生家长至少理念上都重视孩子和老师的关系，虽然他们私下可能也吐槽老师，虽然他们不一定知道如何正确帮助孩子培养这种感情。

尊重这种感情很难以权力、权威和施压换取。老师或者听得见同学们叫她的名字，也可以以此为由进行包括责备、罚款、体罚、请家长之类的惩处，但是，这些做法并不能令孩子们心悦诚服，甚至没能让他们感到羞愧、难过。受罚的同学得到的更多是同学们的同情，老师的做法没有解决她本来想解决的问题，反而加剧了关系的撕裂。同学们不是更尊重，而是更讨厌、更反感她了，她的权威进一步丧失。

一个人不会因为身处某种位置就天然具备那个位置具有的权威，要获得学生及下属的尊重，老师及领导必须具备与其职位相当的能力、品格，以及与身份相符合的言语、行为和沟通方式。

C老师有必要问一下，她生气的原因究竟是什么？是因为自尊心受伤，还是因为担心这样不能很好地引领同学们？或许兼而有之，不过，从处理方式看，她似乎主要是为了发泄愤怒和怨恨，这样的出发点是自私而狭隘的，也因此，效果自然不会好。

如果她主要是担心同学们对她的不尊重有碍班级建设，不利于学生的成长，也就是说，如果她不是为着自己的面子、尊严，而是为着班级和学生的根本利益，那么，她的处理方式和结果会很不一样。另一方面，C老师的处理也表明，她对尊重这种感情的产生和发展机制缺少理解，或者说，有完全错误的理解，因此搞错了应该责怪的对象，从而采用了具有反效果的方法。

如果C老师出发点正确，理解尊重的含义及其产生和发展机制，她可能会反躬自省，诚恳道歉，请求同学们提意见，问计于其他受尊重的老师，改变自己与同学们打交道的方式方法，如此一来，结果一定截然不同。

当然，不排除有极少数眼高于顶的同学，以为家里有钱有势就可以不尊重老师，把老师的工作视为有偿服务，也有少数缺少教养、礼貌，根本不懂得尊重他人的学生。对于这样的学生，老师和家长有责任、有权利予以帮助，但目的仍然应该是为了他们的利益和成长，而不是为了发泄自身的怨恨和不满。

面对C老师，姝妮及同学们并非只有被动承受、消极抵抗一途，他们也有值得反省和改善的地方。要知道，对老师有恭敬心，尊重老师，对自身的学习和成长是有好处的。包括寻求咨询的求助者和宗教徒，如果谦逊、守礼，对咨询师、牧者、上师具有真正的恭敬心，则获得的帮助可能会更大，成长也会更快。当然，恭敬、尊重绝不等于盲从，而是说，要放下傲慢心态或自以为是，持守开放而不封闭的心态，愿意改变自己，吸纳新的知识和见解。

同学们的做法可以理解，但对他们自己并没有好处，背后非议、诋毁老师，心态是不健康的，也破坏了班级氛围，恶化了师生关系，不利于班级建设和自身的学习。如果他们可以在老师羞辱、体罚他们，感觉老师言行失范、情绪失控、处事不公正的时候，勇敢地捍卫自己，诚恳指出老师言行的失当，或者为了照顾老师的面子，通过私下坦诚交谈、写信等方式来表达他们的建议，则既真正地帮到了老师，也真正地帮到了自己和班级。

不被教育、管理对象尊重，不尊重老师、父母、领导的问题，关系中的双方各有自己的功课，责备对方无济于事，反求诸己才是通途。

勿以批评教育之名，
行侮辱伤害学生之实

一、“名校”课堂

小珠小学毕业后，融融面临艰难的抉择：让孩子随伯父一家去澳大利亚读书，或者留在国内上初中。母女都对国内教育评价不高，如果以学校教育为优先考量，肯定是去澳大利亚。可小珠毕竟才11岁，还是需要妈妈引导的年龄。思之再三，最终决定暂时留下。

她们选择了某准一线城市的一所二类著名中学。熟悉该市中学整体情况的友人介绍，该校校长开明，有人文精神，学校以理念现代标榜，教师风貌好，教学水平也不错。

友人的话让融融宽心了许多，及至在开学前的家长会上听了校长和班主任的讲话后，觉得与自己的理念大体契合，庆幸女

儿遇到了不一样的学校和老师。

不料，开学伊始，之前担心的各种情况密集出现，比预想的更为恶劣。

像大多数学校一样，小珠学校的课堂几乎都是老师们的一言堂，学生很少有机会发言，质疑就更不可能了。本来思想自由，有独立判断力和果敢表达精神的小珠，对老师的一些观点和事实性知识有疑问时，也不敢提出，就是私下里也不敢和同学议论。作业不算太多，但很枯燥，特别对于小珠这种不懂套路的孩子，猜得痛苦极了，每天晚上都要做到深夜，课外阅读的时间没有了，兴趣活动、思考的空间几乎完全被挤占。

小珠虽然郁闷，但也接受。可是，某次数学作业得了满分后，老师有两三次没有批改她的作业。后来才知，同学的作业也都有不批改的时候。她觉得师生权利不对等、不公平，但选择忍耐，自己到网上核对，不懂的题，就找妈妈的朋友问。

只有少数几位老师以平等的态度与同学们交流，半数以上的老师脾气都很坏，当众呵斥、严词“批评”学生是常态；作业完成不好时，老师会拍照发家校联系群；从没做（带）作业，到作业本上忘了写名字，学生会因大大小小的原因被叫到讲台上罚站，写检讨。

小珠有天晚上做作业到深夜，第二天走得匆忙，把数学作业本落在了家里。老师拒绝相信她是忘了带作业本，视同没做作业论处。她不理解老师为什么不信任自己。老师命没做作业的同学当天写好一篇检讨，要求不少于三百字。她不想接受这样的羞辱，拒绝写检讨。除了她，其他同学都按照老师的要求，10分钟内写出了300字以上的检讨。她感到惊讶，平时写作文一个小时也挤不出几百个字的同学，写检讨这么驾轻就熟。她不相信同学们写的是真心话。难道老师不知道吗？可为什么还这么做？意义何在？

如果说以上的情况，小珠和妈妈知道在国内很多学校可以说是常态，即使不认同、失望，也不是完全没有心理准备，那么，其他一些事情就令她们更加错愕了。

前些天，班上有几个男生在上课铃响后没有及时安静下来，中年男历史老师招呼了几声没有得到他所希望的结果，冲过去就扇了其中一个男生的耳光，接着又抓住男生的手腕，用他自己的手打自己的脸。挨打的男生试图躲，没躲过。众目睽睽之下，老师殴打学生，其他五十多名同学，无一人吱声，事后，这件事情好像没有发生一样，也没听说男生或者他的家长找老师理论。

老师们也经常误解学生，不经核实就直接公开“批评”。这种情况小珠早就有看法，前两天，她自己也遇上了。午休时间，她坐着（而不是趴着）打盹儿，老师指责她没在睡觉，她觉得老师不公平。更郁闷的是，她没有机会说明，因为老师并不会给解释机会——老师早就宣布过，如果被老师误解了，当时不要辩解，真的是老师误会了，过后再去找老师解释，可接着又加上一句：做了就做了，辩解就是狡辩！这不是第二十二条军规吗？小珠那股子不平的怨气，只好硬生生地憋在肚子里。

更有甚者，某天，有些学生作业本上的信息没有写完整，被老师当众撕毁，扔在地上，命同学们各自去找各自被撕毁的本子，重新拿本子做。小珠心里嘀咕："撕了就撕了，还要当众丢地上，太侮辱人了！"

进入21世纪都二十多年了，素质教育、人文主义教育都喊了几十年了，在一个号称国际化大都市的一所二类名校，如此高比例的老师还表现得如此蛮横、霸道，视学生的权利、人格、尊严为无物。我感到震惊和愤怒；孩子们如此逆来顺受，既心疼又怜惜。

二、师生交流方式

师生交流方式可分为忽视、放任、专制独裁、民主权威等四种类型，无疑，小珠的大多数老师采取了专制独裁的交流方式。这种师生交流方式以老师为中心，特点是老师的填鸭式教学方式和学生的被动接受式上课，标准答案式答题和刷题式巩固老师传递的内容；结果是局限、伤害学生的自主性、独立／批判性思考能力、自由表达精神和创造性解决问题的能力。

放眼世界，近年来，人才评价国际标准越来越着重于考量学生动态思维能力、独立思考能力和创造性解决问题的能力，而不是传统的固化知识记忆、复述能力。如今美国已经有上千所大学在录取中放弃或者淡化标化成绩，目的就是改变传统知更鸟式教学和刷题式学习，因应科技发展对新型人才的需求。

正如丹尼尔·平克所说，需要算法的工作任务已经外包（购），或者由电脑处理了，21世纪的工作者必须思考任务内容，尝试可能性，正因为算法不存在，所以，必须拿出新的解决办法。独立思考能力成为基本能力。

中美教育在人才培养效果方面差距很大。美国教育培养出了大批创新人才和知识型企业家，科技发明雄冠全球，包揽了最多的诺贝尔奖，这是无可辩驳的事实。

三、中美师生关系对比

结果是理念和做法的体现，做法是理念的体现。

众所周知，美国的课堂以学生为中心。学生有疑问，可以随时打断老师，如果学生和老师观点不一致，大可自由表达，而且受到鼓励；学生的主体性、自主性、独立思考和自由表达有充分的保障，因此，他们的课堂充满活力，学生的个性得到张扬。另一方面，在专制独裁式师生交流方式下，老师的权力得到放纵，学生的权利受到挤压，人格、心理／情绪安全受到践踏。他山之石，可以攻玉。为了写作本文，我采访了跨文化交流学者、某高校外语学院杨教授，请她谈谈中美两国师生交流的差异。

杨教授曾到美国一所公立小学执教一年，当时，她的儿子是成都一所公立小学的学生，现在是一所公立中学初二的学生。她对两国师生交流方式的差异深有体会。小珠老师的做法在她儿子的中小学不同程度地存在，而美国学校对老师如何谈论学生的不良行为有专门的规定，她任教的美国小学出台了校方指导文件《我该如何说？》，用以指导教师如何使用批评用语。如：

行为表现批评用语描述

恼人、缠人；“蚊子”

孩子气；表现出不成熟行为的迹象

霸凌；与他人相处不和睦

作弊；需要完成自己的分内之事

不受其他孩子欢迎；常常独处

不及格；未达到要求

在美国的小学，学生如果犯了重大错误，教师会严格按照学校的章程处理，“但绝对不会出现公开批评的情况，也不可能将未完成作业或犯错的学生照片、名字在班级公共群公开……”如果侮辱、殴打学生，轻则丢饭碗，重则负刑责。

美国师生是平等的，课堂是互动、活跃、有助于调动学生主动性和积极性的；美国学生同样需要为自己的行为承担责任，只不过，美国老师无权在言语上羞辱学生，学生不需要付出人格、尊严以及心理或情绪上的额外代价。而且，与我们很多老师不同的是，美国老师在指出学生问题时，是针对具体问题，而不是人格；他们就事论事，而不贴标签；他们的语言是陈述性的，而不是论断性的；他们的表达方式是平和、理性的，而不是冲动、情绪化的。

四、何为批评？

相对于忽视或放任学生，专制独裁与民主权威教育方式都是积极进取的教育方式。我毫不怀疑，中美两国大多数老师培养学生成才的本意是一样的，非常遗憾，客观上来说，我们的以专制独裁为主的师生交流方式效果不如美国富有人文精神，师生既平等、相互尊重，又有规则和边界的交流方式。

没有双向互动，只有灌输，只许被动接受，不准质疑讨论的教学方式压抑学生的自主性、积极性，不利于培养学生成为独立、自主、开放、富有思辨能力和创造精神的人。像小珠的一些老师那样呵斥、羞辱甚至动手打学生的做法，则不仅无助于培养学生的自尊心、自信心，而且有相反的后果，破坏学生的心理、情绪安全。

我们的一些老师和家长可能认为高压控制、严厉“批评”可以达到教育孩子的目的，实在是绝大的误解。

首先，像小珠的一些老师那样对学生说话，只能称为发脾气、骂人、侮辱人，是情绪失控，是缺少理性、智慧和有效方法的体现，与批评毫无关系。批评应该出于爱，需要耐心，一定要维护孩子的自尊心，让孩子看到希望，找到解决问题的办法；

要避免让孩子觉得自己被看成了坏孩子、无可救药，以免孩子绝望、破罐子破摔——这就是美国老师批评孩子时小心翼翼的原因。其次，像小珠的一些老师那样呵斥学生、骂学生的“伪批评”只能导致学生的羞愧和报复心理，根本达不到教育、帮助学生的目的——这些都是心理学常识，早为相关研究佐证。处于如此激烈情绪，与老师关系对立、疏离的学生，怎么能够好好学习呢？

五、孩子的权利

这些道理，如果老师们懂，那他们的做法就是知行背离；或者不完全懂？

有教育研究者指出，我们的老师不爱读书、不读书是行业内众所周知的事，甚至有老师一年到头除开自己任课的课本和教参，完全不摸其他书，还会以从不学习老师仍然当得不错而自夸。身为教师而从不学习，甚至包括教育学、心理学等专业知识也很少涉猎，夫复何言？自己都不是终身学习者，又如何培养得出终身学习者？

有一位听过我相关话题分享的小学校长告诉我，老师们都太忙了，学生太多了。忙、学生多并不是合理的借口，也不妨碍老师好好说话——相反，理性的、相互尊重的好好说话反而有益于师生合作。

实际上，老师们的言行已经严重超出了正常界限，无视学生权利、严重侮辱学生人格，为什么可以畅行无阻？教育行政主管部门、学校当局有制定严格、可操作的教师言行规范吗？或许有，但是有没有进行切实的监督执行与考评？学生似乎不清楚自己的权利与责任，也不知道如何保护自己。他们入学的时候，学校告诉过他们的权利与责任，以及受到老师不公平、侮辱性对待的时候，该如何处理、如何求助吗？

六、家长，勿做帮凶！

很多学生家长似乎相当糊涂，一心盯着考试成绩，忽视孩子心理、情绪健康，更有甚者，把老师对孩子的凌辱甚至殴打，视为老师对孩子的严格要求。

在小珠班上的家校联系群里，老师一指出问题或发脾气，家长们的态度非常统一，纷纷表示支持严肃处理、回去收拾孩子、老师辛苦了、努力改进，云云；家长委员会了解到个别家长针对某些事情有异议，就有成员明确表示，家委会是为老师服务的……有刁难的，我们就要去做工作。只有统一了思想，才好开展工作。——家长们不仅不帮助孩子维护权利与人格，反而在事实上充当老师的帮凶，孩子被误解、被羞辱、被殴打，竟不敢解释、反对、反抗，也就不奇怪了。

难道孩子认可、乐意受老师的羞辱、误解、殴打吗？为什么孩子在愤怒、不平或屈辱时而不据理力争？不就是大环境给人造成逼迫，觉得孤立无援，讲理无效甚至会令处境更糟糕吗？为什么小珠的同学写检讨那么溜？不就是因为从小写惯了吗？为什么看到同学被不公平地对待，大家集体沉默？不就是已经学会了事不关己，消极对待，世故圆滑了吗？孩子们这样的精神和心理状态，不是已经价值观虚无、扭曲，已经处于悲观、绝望，哀莫大于心死的状态了吗？

很多老师、家长都知道美国师生平等、互相尊重，美国学生自由、活跃、思想独立，也羡慕美国的教育质量高。但是，我们并不准备给我们的学生、孩子这样的对待。我们担心如果老师对学生平等，尊重学生，没有了师道尊严的特权，就无法教育学生。究其实，我们是把权利与人格、学识与权力的平等混为一谈罢了。

美国的师生平等指的是人格与权利的平等。因为师生平等，老师就不能搞一言堂，更不能斥责、辱骂、殴打学生；基于师生平等，学生要尊重老师，老师也要尊重学生。但这种尊重，不一定表示认同，更不是仰视，无关讨好，而是彼此对人格、权利、思想自由、表达自由的尊重。

七、救救孩子！

一位年轻朋友在小学一、二年级时曾经被老师视为“没有希望”的孩子，因为老师的歧视，同学们也欺负他，那是一段暗无天日的日子。后来父母把他转到一所有关系的学校，从此成为学习尖子，在国内一所名校本科毕业后，来到美国读研究生。回忆一路上学的历程，他决绝地说："如果将来生活在中国，我绝不会生孩子。我才不要生个孩子给他们虐呢！"

我理解他的感受。

如果我们认可人不仅是动物性存在，不是仅仅需要吃一口饭，而同时也是精神性存在，有独立意志和尊严，需要得到尊重，那么，请我们的老师放弃专制独裁的教育方式和粗暴对待学生的方式吧；如果我们的家长真爱孩子，请教他们捍卫自己的权利与人格，如果他们受到不公平对待，请协助他们维护自己的尊严，不要置之不理，更不要稀里糊涂充当帮凶；我们的学校和教育部门，为了培养国家需要的有自主学习能力、思考能力、创新创造能力的人才，请出台规范师生交流的措施，并监督实施，让学生在权利、尊严、心理、情绪安全受到伤害时，可以无所顾忌地寻求支持。

真的，救救我们的孩子！

孩子和老师起冲突，家长站老师还是站孩子？

高一入读才两天，小W就和新班主任起了冲突。

事情的由来是这样的：英语老师布置同学们写一篇英语作文。自习课上，小W很快就写好了，可同组其他同学还没找到写作的感觉。身为英语小组长的他便把自己的作文拿给同学看。班主任老师发现了，当众批评他不该让同学抄作文。他不服，站起来用手指指着老师，高声否认老师的指控。事后，老师把情况反映给了父亲。

父亲本来就对孩子融入集体的能力感到担心，这下更是焦虑不已。他既害怕孩子冲撞了老师，老师对孩子留下坏印象，对孩子另眼相看、不予接纳；又怕此情节导致孩子在心理、情感上与老师疏离，受到老师排斥或嫌弃，提不起精神听课、学习，甚至干脆拒绝上学。

W先生两方面的忧惧都是可以理解的。和老师，尤其是同班主任老师关系的好坏，对青春期孩子的心理、行为和学习表现影响很大，是家长面临的一个重要课题。

相同、相似情况下，家长一般有以下几种处理方式：无条件站老师，向老师道歉、求情，批评、责罚孩子，要求孩子向老师道歉、做保证。这类家长持师生不平等、传统师尊生卑的观点，没有能力分辨是非曲直，习惯性地维护老师的权威、权力。同时，很多家长也可能因为害怕得罪老师以后，老师冷遇孩子，孩子的处境和待遇恶化，不利于孩子的学习和前程。出于现实的考量和沟通的怠惰，他们选择至少表面上站老师。

无条件站孩子，向老师发难，讨说法，要求老师向家长和孩子道歉，要求老师改变、改善对待孩子的态度和做法。这类家长与前面那类家长一样持师生不平等的观念，不过，不同于前者，他们往往自觉、自恃有钱有势，根本上不尊重，甚至藐视老师的权威、权力，对老师颐指气使，可以威胁老师的待遇、岗位和前程。

第三种是当和事佬，对老师和孩子两边抹。这类家长兼具前两类家长的特点。他们尊重老师的权威、权力，害怕得罪老师，不敢、不愿和老师坦率沟通；同时，也怕惹恼孩子，不敢和孩子进行开诚布公的交谈。W先生属于这类家长。在老师向他反映孩子的“冒犯”行为时，他本能地紧张、害怕，不问是非曲直，赶紧给老师道歉、求情，请求老师原谅孩子、帮助孩子。另一方面，他又担心惹恼孩子，因此，并没有把老师反映的情况如实地告诉孩子，而是做出一副不知情的样子，旁敲侧击地询问孩子和老师关系如何。

一向不在他面前表露真情实感的孩子回答“还好”，他就只好含糊、抽象地告诉孩子要聪明地和老师打交道。最后，为了表示对孩子的支持，他告诉孩子：你是我儿子，和我有血缘关系，无论发生什么事，我都站在你这一边。

当孩子和老师发生冲突的时候，到底应该站老师，还是应该站孩子?

在我看来，这根本就是一个伪问题。无论站老师还是站孩子，或者像W先生这样两边抹，都是偏颇的，无助于真正地澄清是非，解决问题，改善师生关系和合作，更无助于成长。

站老师会让老师感觉良好，但是会伤害孩子，无助于孩子和老师关系的真正改善，还可能培养孩子的价值虚无与奴性人格，也可能助长老师的错觉，认为自己无懈可击，不利于老师自身的反思和提高。站孩子会伤害老师，让老师不敢管、不愿管孩子，还可能助长孩子的虚骄之气，不利于孩子遵守规则和听从老师的教导，长远而言对孩子的成长无益。两边抹混淆了是非，对老师和孩子都是逃避，是不真诚，不利于师生彼此了解、理解，建立良好的沟通和关系，症结还在，问题随时可能爆发，而且爆发的频率和烈度可能增强。

古希腊哲学家亚里士多德有一句名言：“吾爱吾师，吾更爱真理。”中国儒家有“从道不从君，从义不从父”的说法，都强调追求真理、道理，讲求判断是非对错要根据事实和道理，这是一种客观、公平、公正的态度，而不要根据权力、地位、金钱或者关系的亲疏远近决定自己的立场。

套用亚里士多德的话，家长可以“我尊重老师，但我更尊重事实”，可以“我爱我的儿子，但我更爱道理”。父亲对老师和孩子真正的帮助，其实需要放弃对老师的畏惧和对孩子的畏惧，即便不去和老师进行开诚布公的沟通，起码可以平静、不带攻击性语言和语气的方式，把老师反映的情况告诉孩子，给孩子一个解释和澄清的机会，并和孩子讨论积极的解决办法。

处罚须遵道，辩论须讲理，保护孩子须有方
——对一起师生、家校冲突的解读

在一次非正式的养育主题讨论会上，友人A分享了一个故事，由此衍生出如何评价老师处理课堂违纪学生的方式，家长对老师做法的反应是否适当，老师是否无辜，以及学校对学生的处罚是否合理，家长应该如何保护孩子等话题。

师生、家校冲突所在多有，对于其中的是非曲直，一般人莫衷一是，就是当事的老师、校方和家长，也很少能够或者愿意抵达事情的根本，人们的判断依据不一定是法律法规、道理道义善意原则，而可能是与当事人的关系亲疏，或者是对权势、地位的考量。结果，无论是处理学生还是老师（一般情况下，回护老师、压服学生的情况居多。当然，学生家庭有背景、老师本身不受学校领导待见等特殊情况者除外），大多是

息事宁人，双方各打五十大板，结果往往都是一本糊涂账，总有不同程度受伤的人。

有的孩子因为感觉受到不公平对待而对老师、学校失望，讨厌上学，学业受到影响，潜力得不到发挥。更严重的是，在价值观、心理、人格的意义上受到即时和长远的伤害，成为悲观主义者、虚无主义者、利己主义者、犬儒主义者，这不仅是他们个人的损失，也是家庭和社会的损失，值得认真对待。

当然，哪怕处理结果表面上看有利于老师，从根本上来说，却是对老师错误的纵容，并不利于老师自身的改进和成长。各打五十大板的做法看似公平，其实觉得处理者和稀泥，受到不公平对待的一方仍然难以服气。

学校也好，老师也好，培养学生成才，希望示范给学生正确的价值观，公平、公正对待学生的出发点和本意无可置疑。但是，达成良好目标，关键是实现的过程，依赖执行、实施达到良好目标的方法，究其实，不只是意愿问题，同时也是判断力的问题，是能力的问题。

未成年学生大多还没有形成充分的思辨、说理能力，同时，由于被把同师长辩理、捍卫自身权利、坚持自己观点视为“不尊重”师长的传统观念误导，面对老师及学校的压力，他们更多忍气吞声，形成“内伤”，需要得到作为监护人的父母的支持和帮助，而父母支持和帮助的前提，即父母的意愿，也与判断力和说理能力有关。

A讲述的故事经过是这样的：大学同学B是某一线城市一所中学的初中英语老师。某天B在上课期间，几个学生窃窃私语。她予以了制止，没收了他们传阅的手抄本。他们传阅的是一本“黄色小说”，主人公还是本班语文老师。小说写这位女老师在和隔壁班一个男生谈恋爱。

B觉得事情非同小可，上报给了学校。学校觉得问题严重，决定实施严肃处理，包括让学生“写检讨”“停学”多少多少天之类。得知学生把自己作为小说主人公的语文老师非常愤怒，小说中男主人公的家长也怒不可遏。他们认为名誉权受到侵犯，要求学校严肃处理，不排除诉诸法律。涉事学生家长得知学校的处理决定，也很愤怒，他们难以接受学校让孩子停课的决定，把B老师骂了一顿，质问她“为什么要把事情扩大化”，挨骂的B老师深感委屈。前面引用的事件梗概是她发到微信朋友圈的。她觉得自己完全无辜，履行职责认真负责，怎么家长反而把她骂了一顿？感慨当今家长溺爱孩子，老师好难当。

A为同学，进而为整个教师群体叫屈，认为当代家长溺爱孩子，不讲原则。为什么她这样认为呢？得出结论的依据是什么？她承认是站在同学B的立场上的，对于事情的是非曲直并未经过认真思考。问题是，她的同学真的是无辜的吗？为什么？经常的情况是，当自己的行为得不到认同或者被质疑时，我们不容易反躬自省，不是检讨自己的做法是否有问题，而是怪别人不理解。进而言之，判断这件事，还有别的立场和视角吗？当事各方的立场和视角都同样合理吗？有没有能够为当事各方共同接受的立场？如何找到这样的立场？我把问题提给了在座的朋友们，并在微信朋友圈征集朋友们对事件的评论。

现场朋友都是大学或者研究生毕业，工作了数年，有的已经做了母亲。她们都表示不知道应该从哪一个角度去思考，不知道如何判断各方对错。我问友人A，如果B老师不是你的同学，你还会站在她那边吗？你觉得她委屈在哪里？友人对自己之前的评判也不那么自信了。她不知道同学委屈在哪里。朋友圈更多的朋友表示不知道如何评论，有10余位教师、家长从各自的角度做出了评论，都认为B老师做得不好或不对，大多数评论者像当事学生家长一样，觉得她不应该把事情如此扩大化——当然，他们反映了身为家长的心声，更多站在家长的立场上；有几位本身也是家长的老师朋友也试图做出持平之论，指出老师问题的同时，认为当事学生也有错误，他们的家长不该骂B老师。

那当事家长该怎么办呢？接受校方决定吗？如果接受，对孩子公平吗？对孩子有什么负面影响呢？如果不接受，又怎么说服校方收回成命呢？我非常感谢朋友们的认真回复，但是，我得说，我没有看到全面而到位的评论。

孩子受到老师、学校处罚时，有些家长盲目听信和接受，回家后还会责罚孩子，至于孩子是否委屈，是否受到公平对待，家长并不考虑，没有尽到保护、维护孩子的责任；像这个事件中的家长一样，有些家长会质疑老师的做法、校方的决定，但是，诉诸权势也好，谩骂威胁也好，即便对解除孩子即时最大的压力有效，也有这样那样的后患，对孩子未必是好的示范。只有分析清楚各方的是非曲直，让处罚和过失对等，实现公平和正义，才能令各方口服心服，也才能真正帮助到各方。

结束同伙伴们的交谈后，我就此事采访了我的夫君白亚仁先生。他是苏格兰裔美国人，在一所美国大学做教授。听了我对整个事件的概述以后，向来平和、宁静的他表现出了气愤。他的气愤一般都是他觉得公平、正义不张，弱小者受到欺凌的时候。他难以理解B老师的一系列行为，觉得她简直就是莫名其妙，而学校对孩子们的处理完全不合情理。他们处理学生的理由是什么？显然不是上课讲话、传阅小说，而是创作他们认为“诋毁”本校语文老师的“黄色小说”。

他思考这件事的核心是：“那这个语文老师到底跟这个男学生谈恋爱没有啊？”如果真有其事，学校不是应该去处理这个老师（按照美国学校的规定，老师不可以和学生谈恋爱，否则老师会受到处罚）吗？怎么会去处理写这件事的学生？如果是虚构的小说，那关那位老师和同学什么事？又关学校什么事？

美国的制度、思维与中国确实有很大的差异，由此可见一斑。

我关心的是作为事件原始主角的那几位上课讲话、传阅手抄小说的学生。B老师在朋友圈里没有提及他们，设身处地，可以想见他们的焦虑与不安；可以想象他们感到的重重压力——来自学校的、来自家长的、来自语文老师和他们小说中那位男生和他的家长，还有其他同学的议论……相对于他们的紧张、惶恐，也许还有后悔、怨恨，B老师的朋友圈感慨不过是一声娇嗔。他们才是整个事件中压力最大、最受伤的人，而归根到底，这一切只不过起始于一次简单的上课讲话、传阅小说。这个简单的事情能够演变为后来的轩然大波，完全是B老师一系列不当、错误行为（认真追究起来，有的行为甚至可能涉嫌违法）所致。

B老师自身的无辜感、委屈感应该是真诚的。我想她可能的确不知道她有什么错，不知道自己错在哪里，不过，就算是不知之过，也不能免除她的职业责任，毕竟她的做法给她作为老师本来应该保护和帮助的学生带来了恐惧与伤害。像她那样对自己的不当、错误行为缺少认识的老师，在我们的学校里并不少见。他们以为自己在教书育人，以为自己是老师，说的、做的，都是对的，是为了学生好，是帮助学生。实际未必——看客观效果，她的行为、学校的行为在何种意义上帮到而不是伤害了学生？

正如官员有依法依规行政和执法的需要，我们的教师也有依法依规执教和对待学生的需要——而后者还远远没有得到应有的关注。别说这种一般人不容易看出来的过失、错误，就是毫无歧义的体罚学生之类的违法行为，很多学生和家长也不以为意。老师自以为是对学生负责，是在帮助学生，很多家长也有这样的糊涂认识，不仅不保护孩子，还助纣为虐。

语文老师和她传说中的“男朋友”，客观上的确有名誉的损失——不过，如果他们真要追究创作和传阅小说的那几位学生的责任，其最终认定只能是在法庭上，而不是想当然。如果以此为难那几个学生，既不明智，也无意义，无非就是口水仗，如果不克制，造成更严重的后果，并非不可能。

当事学生家长似乎主要是基于本能行事。很多家长都是这样的，他们本能地觉得孩子的利益受到损失。可以想象，他们对老师具体行为并未追究，更未说服老师，只是生气她把事情扩大到这种导致孩子要受学校处分、停课的程度。

学校要孩子们写检讨、停学。理由是什么？当然不是因为上课讲话、传阅小说，而是因为所谓的创作、传阅“黄色小说”，更因为小说涉及本校语文老师和另一位学生，也许校方认为学生们侵犯了别人隐私，甚至构成“污蔑”“侮辱”——但这样的结论不是学校可以单方面做出的，如果将其作为惩罚学生的依据，是需要专家甚至法庭甄别、认定的。给学生的行为定性，给予处罚，是非常严肃而重大的事情，学校的处理太过轻率，令人为孩子们担忧、愤怒，应该予以纠正。这里不赘述。

本文重点讨论B老师的行为——如果她的行为不合理、不合法，学校的处理当然就失去了基础。

回到最初的问题，B老师为什么不是无辜的？她具体错在哪里？只有弄清楚了这些问题，才能够实实在在还违纪学生公道，解除校方的处罚动议及学生的重重压力。

从头到尾，她的一系列行为中，有的可以商榷，认真追究起来，有的甚至涉嫌违法。

第一，孩子们上课讲小话、传阅东西这一条，B老师的处理是可以商榷的。她可以处理得更有效率、更高明。如果他们的行为只是影响到自己上课，这件事情完全不用大动干戈，眼神示意一下，或者下课以后善意提醒即可；如果已经影响到更多的人上课，当然可以停下来提醒一下，直至建议他们去教室外面讲。“一个人的自由止步于别人的自由开始的地方”，学生有上课不听课的自由，但无权干扰别人听课、干扰老师讲课，因为这样的行为侵犯了同学听课、老师讲课的自由和权利。作为课堂的管理者和组织者，予以制止，甚至请学生出教室，既是老师的权利，也是老师的责任。这个过程，应该避免情绪失控、言语失当，就事论事，避免对学生的人格侮辱。

第二，更严重的问题是，老师没收学生的东西，不管是手抄本也好，别的读物、用具也好，可以吗？不可以。为什么？这是孩子的私人物品，涉及所有权的问题。学生对私人物品有所有权和主权。老师不是执法者，不经适当的程序，不可以随便拿学生的东西；如果强行没收，学生可以拒绝。

第三，英语老师怎么知道学生传阅的是“黄色小说”？如果她没翻阅，就不会知道——问题是，她有权利翻阅吗？手抄本可以视为学生的私人笔记，未经授权，老师凭什么翻阅？是否涉及侵犯孩子们的隐私权？这也是一个严重的问题。

第四，她不仅翻阅学生的手抄本，还认定这是一本“黄色小说”。她凭什么这么认定？依据的标准是什么？个人标准还是公认标准？学校对小说的定性又是采用的什么标准？

第五，B老师看了手抄本，认定是“黄色小说”之后，她的做法是报告学校，告诉作品中涉及的人。她为什么这么做？客观上是出于善意吗？作为老师，她负有引导、帮助学生的责任和义务。学生创作、传阅小说的行为并未造成对别人的伤害——在老师公布小说内容之前，连对小说主人公原型的人都没有造成伤害，所以，他们顶多就是“伤害”到他们自己。这种情况下，如果是为学生好，哪怕主观认为这样的作品对孩子们的身心健康不好，希望提供“正确的”引导和帮助，那么老师是否应秉持善意原则，是不是应该私下同孩子们沟通，或者更进一步，同孩子们的父母沟通，给孩子们一个反思、改正的机会？她报告校方、公布故事人物的做法于事实上把孩子们置于一个尴尬、被动、紧张、恐惧的境地，把一件小事变成一个轩然大波。她的做法真的是在帮助学生，也是最好的、最有效的帮助学生的方式吗？换位思考，如果她自己是学生或学生家长，她会赞同她的这种处理方式吗？她能指望她的做法不是引起怨恨，而是引来感激吗？

事情发生后，学校本来准备“严肃”处理几位学生，他们的家长怒骂了把事态公开化、扩大化的老师。不了解他们是否会拒绝学校对孩子们的处罚，又如何说服校方收回成命。他们的不同做法会对孩子有当前和长远、好与坏的不同影响，甚至根本上把孩子引向不同的方向。如果他们可以站在法律、法规、摆事实讲道理的高度，那么他们就可以为孩子提供最为有效、有力的捍卫和帮助。这需要家长自身有稳定、系统、成熟的价值观，有捍卫孩子权利，捍卫公平、正义的决心、勇气、智慧、方法。

回到家庭，在这件事情上，权威一民主型家长不会劈头盖脸地把孩子骂一顿、打一顿，也不会忽视老师的做法和学校的处理对孩子心理、情感和价值认同的伤害，而是会心平气和地了解孩子为什么上课要窃窃私语，不认真听讲。进而言之，还可以与孩子讨论他们创作、传阅的小说的定性，使用他人真实姓名创作小说的道德及法律风险，甚至探讨老师做法和校方处理的得失，交换家长和孩子在这个过程中的心路历程，乃至帮助孩子和老师、校方形成谅解，等等。

教育不只是书本、考试，学习不只是背概念、做作业，孩子成长过程中遇到的每一件事，包括类似的“坏事”，甚至可以说，尤其是这样的“坏事”，都可以成为最好的教材，变成最好的学习，以及面对真实生活问题的操练。这个任务，指望学校或老师很困难，作为养育者的父母，任重道远。

他山之石

诉诸直觉，
从容养育有适应性的子女

——《直觉养育的力量》译后记

这是一个焦躁的时代。子女教育、亲子关系构成焦虑的一大来源。

这是一个成功导向的时代。

如果父母成功，自然希望子女续写辉煌，甚至更上层楼；如果父母不成功，或者不那么成功，望子成龙、望女成凤的心情更加迫切。

全社会都把眼光放在了教育上。从考上大学，到考上好大学、出国留学，许多家庭倾尽资源，在“不要让孩子输在起跑线上”的魔咒下，驱赶小小孩童踏上通往“成功”的征途。

为了“高考”胜出，家长们很早就开始督促。十年以前，儿童在上幼儿园之前，大都还没有功课，可以无忧无虑地玩两三

年；近年，出月的婴儿就要上早教班了，针对幼儿的才艺班、语言班、体育班名目繁多；更着急的人则实施严格胎教，甚至，胎教都不够早，有小学招生面试把父母的学历、素质、个性特征也纳入了考查范围，竞争提前到了配偶的挑选！小孩自然是辛苦的，甚至是被迫、不情愿的，父母更是殚精竭虑，生怕用力用心不够，耽误了孩子的前程，贻误了孩子一生。

这种现象不局限于中国，美国父母也经历着同样的焦虑。他们也像中国父母一样，在压力之下，加入了促进孩子学习和发展进程的洪流。

对此，社会热议，媒体关注，学界思索。

《直觉养育的力量》针对美国父母的养育焦虑，以科学研究为基础，认为提前教育、加快发展、过度养育对于儿童有害无益，有违儿童自然发育进程。

人为加快学习，“一夜暴富”式养育模式伤害儿童自信心。为考而学、鹦鹉学舌式学习效率低下，轻者使得儿童厌学，也与注意缺陷、多动障碍、自闭症谱系障碍及学习障碍发病率的攀升脱不了干系；还剥夺了父母养育子女的乐趣，破坏亲子关系，却不利于培养自信、韧性、毅力这些真正保障成功所必需的品质。

作者斯蒂芬·卡马拉塔博士与夫人养育了七个儿女。身为父亲，他参与了每一个孩子自出生到长大成人的过程，他还是几个孙子孙女的祖父，积累了丰富的第一手养育经验。作为范德堡大学听力与言语科学教授与医学院精神病学教授，他从事儿童发展研究及自闭症等儿童发展障碍临床治疗达二十五年之久。

《直觉养育的力量》厚积薄发，凝聚了作者自身养育经验与数十年的相关研究与临床医疗实践精粹。卡马拉塔教授怀着仁爱之心，以“直觉式养育”对治当今父母的养育焦虑。

养育观念众声喧哗，教育产品与服务营销狂轰滥炸，同伴压力无处不在，父母们无所适从。卡马拉塔教授的“直觉养育”之说有醍醐灌顶之效：无须左顾右盼，父母们自身就拥有最好的育儿指南，这份指南内在于基因，是大自然的馈赠。父母需要做的，只是注意子女的意向，跟随他们的指引，做出自然的反应，及时提供他们需要的知识和帮助。

人生是一条长路，输在起跑线不可怕，赢在起跑线不重要。

卡马拉塔教授提示父母，儿童的发育过程长达二十年，完全可以从容、耐心陪伴孩子自然成长；他警示父母不要拔苗助长，不要具体而微地介入和操控孩子的学习与生活，要让孩子跟随自己的天性和成长步伐，否则可能适得其反。

他不赞成包办代替，也反对自由放任，父母是规则的制定者和监督者。他的家里就有明确的规则，并予以坚决执行。他的孩子们都必须参与家务劳动，不论喜欢与否；他和夫人规定孩子们在16岁之前不许参加一对一的约会，雷打不动；他们强调夫妻统一理念与行动，坚决不以奖励安慰情绪失控的孩子；他们不吝赞扬孩子，但强调赞扬必须真诚、实至名归，反对为了所谓“自尊”指鹿为马、言不由衷；他们严格为子女选择学校，当孩子的学习风格与学校不合拍时，或者为孩子换学校，或者亲自出马与老师协调，保证作业符合孩子当下的水平，哪怕这意味着他得代替孩子完成部分超出其能力范围的练习。甚至，他们一度为孩子提供家庭教育。

直觉型父母着眼于婴幼儿的养育、教育，同时放眼孩子的青少年、成年及整个生命历程。当前所做的一切不只为当前，也是为未来打基础，为成功人生做准备。为此，必须超越急功近利，超越以测试固化知识为主的种种考试，培养好奇心与学习能力，培养动态思维、推理能力，培养自信、韧性、毅力——这些能力才能保证应变能力和长期的成功。

作为学者、临床医生，专业建树之外，卡马拉塔对待患儿父母的态度足可称道。

他不以专家自居，不把自己的观点强加于父母，而是把他们视为平等的合作伙伴，认为有责任把诊断结论及得出结论的途径向父母解释清楚。面对父母的异议，他不急于说服，而是寻求共识，以此为治疗起点。作为咨询师，我由衷赞赏他“每个孩子都一定有治疗办法”的乐观精神，这种不放弃的精神对患儿和父母是巨大的鼓励。同时，他特别强调视每一个患儿为独特个体，并以此提供特异性的诊断与针对性治疗。

他的爱心仁义也表现在着力发现每个患儿的潜力、优势。他提出，每指出孩子的一个不足或缺陷，必须找出至少一个长处和优势予以张扬，以此激发孩子和父母的信心。

《直觉养育的力量》的作者是著名学者、专家，读者是普通的父母。卡马拉塔以明白晓畅、朴实无华的语言广泛介绍养育涉及的科学研究和结论，结合自己的一手养育经验与临床医疗实践，读起来毫无晦涩艰深之感，有如面对面谈话般亲切，趣味横生。

卡马拉塔的观察和研究对象是美国社会的家长和儿童，他的理念与做法对中国家长和儿童有参考价值与指导作用吗？

科学无国界。何况，在全球化时代，不同社会、文化的育儿目标是一致的：都希望培养能融入并适应全球化竞争的人才，培养积极、乐观、有解决问题的能力和应变能力的人。不分国度、文化，人性是一致的，有效的方法并无文化特异性，可为全人类借鉴、采用。

译者本人是母亲，也是养育、亲子关系的思考者、咨询师。翻译本书的过程也是对照、印证自身摸索与思考的过程。

我得说，我自身的养育实践大致吻合作者的观念与方法，我女儿的状态也大致符合作者所描述的养育目标。她求学异域，本科阶段自行选择主修经济学，辅修心理学，硕士研究生阶段选择管理学。她在本科阶段就以投行为就业目标，进行并具备了在不同国度大银行的实习经历。研究生入学之前已拿到全球顶尖投行的工作邀请，毕业即开始正式的职业生涯。最令我欣慰的是，她保持着工作、生活的均衡，既投入当下工作，也继续努力学习，在异国他乡如鱼得水，没有无法融入的困惑。

我认为本书的翻译出版恰逢其时，对中国父母的价值与意义不亚于美国父母。考虑到我国缺乏此类高水平的研究和著作，本书可望为焦虑无措的中国父母提供及时有力的帮助。

本书的翻译得到我的夫君、汉学家、翻译家白亚仁（AllanH.Barr）的大力支持，在我遇到词语理解困难时，他为我解疑释惑，在我疲累时陪伴、照顾我。

女儿韵秋是我强大的精神动力，她热情鼓励我，同我讨论育儿理念和方法。

衷心感谢夫君和女儿，同时，感谢合作伙伴湛庐文化及季阳副总编和编辑方妍。

纠正过度养育，培养合格成人

——《如何让孩子成年又成人》译后记

孩子在家庭生活中也许从来没有占据当代这样的核心位置，父母为子女倾注的心血之多，感受到的养育压力之大，也许堪称前无古人。20世纪80年代以来，中国父母的养育观念和方式发生了根本的变化，过度养育渐成趋势，从城市而至农村，从中上社会阶层延及社会各个阶层，近来有论者惊呼中国人的养育方式进入了“全民富二代”。

过度养育是指父母急切盼望孩子成功，精心照顾、保护孩子，直升机一样在孩子的天空中盘旋，竭尽全力一路相助，避免一切潜在不愉快的事情。父母在孩子生活中的过度存在、付出、干预和控制剥夺了孩子的成长机会，结果事与愿违，好的初衷没有导致好的结果。为数不少的父母已经体会到成年孩子继续予取予求的恶果，社会则迎来了大批“精致的利己主义者”和“空心人”。

谈到中国式养育问题的时候，美国父母常常被作为榜样。一般人的印象中，美国式养育强调孩子的独立，美国父母对待孩子不像中国父母那么娇惯、溺爱、包办代替，一个流传很广的说法是，一到子女18岁，美国父母就撒手不管了，上大学要自己贷款或者找父母借，还要打工，跟父母吃个饭也要AA制。对这些传说，我也曾经信以为真，近年深入美国社会，发现当今美国中产阶级父母的养育方式颇多共性，亲戚朋友中多有“直升机父母”（这个说法是美国儿童发展研究者福斯特·克林纳和吉姆·费伊1990年提出的），不免吃惊，及至读到前斯坦福教导主任朱莉·利思科特–海姆斯所著《如何让孩子成年又成人》一书时，才认识到，当代中美两国都面临着过度养育的问题，美国年青一代的独立性缺失问题也很严重。

无独有偶，当代美国社会的养育转变也发生在20世纪80年代。过度养育下的美国年轻人在大学时期及职场中体现出了不良的养育后果：缺少独立性，脆弱，依赖，没有来由的自以为是或理所应当，缺少人生意义感、自我效能和心流，吸毒、抑郁等心理问题发病率剧增，进入职场后缺少工作主动性，不善于合作，缺少协作精神，解决问题能力匮乏……总之，没有做好进入社会的准备，进入职场后适应不良，被视为“兰花”（娇嫩）、“茶杯”（脆弱），或者“牛肉”（牺牲品，从家庭的“牛栏”直接被赶到社会、职场的“屠宰场”）。

美国人对过度养育问题的系统批评和研究20世纪90年代就开始了，随着年青一代呈现的问题日益严重，近年更是发起了一场“反过度养育”的革命。朱莉·利思科特–海姆斯站在这场革命的潮头浪尖，是其当下的主要发言人之一。2015年，她推出了饱含激情的畅销书《如何让孩子成年又成人》。

该书陈说过度养育之恶果，年轻成人的“半成人”“未成形”状态令她同情、难过、担忧，她把检讨的目光对准养育他们的父母，认为父母错误的养育观念和方法害了孩子，害了自己，也非社会之福。该书是对过度养育的深入思考和全面反思之作，对于孩子尚未成年的父母，闻者足戒，孩子年龄越小，参考价值越大，越有机会避免过度养育的误区。

身为养育了一个女儿的母亲和咨询师，基于自身经验和思考，我分享朱莉对“过度养育”的忧思，对她的养育目标、理念和方法，不无赞同，因此选择翻译本书，希望为陷入过度养育狂热中的中国父母提供参考。

有鉴于“千禧一代”父母养育了“半成年”“未充分成形”的子女，朱莉提出父母的目标和责任是养育合格的、充分的成人，即能够：（1）接受行为后果，承担责任；（2）以平等的成人身份与父母相处；（3）财务上独立于父母；（4）不受父母与他人影响，自己决定信念/价值观。

朱莉认为，为了实现把孩子培养为合格成人的目标，父母应该把儿童期、青少年期作为训练场，“你不可能一直把孩子当作小孩子照顾，手把手指导，然后指望他在18岁的早晨魔法般地成了独立的人，具备成人生活能力”。

她提倡“权威—民主型”养育风格，而对中美中产阶级中盛行的“放任／放纵型”养育风格不以为然，对部分家长采取的“专制—粗暴型”养育风格，也表示质疑和反对。“放任／放纵型”父母追求做孩子的好朋友，不太严格要求孩子，即便制定规则，也很难严格执行，因为他们害怕伤害孩子的感情，破坏亲子关系；“专制—粗暴型”父母则相反，他们制定严格的规定、标准，给孩子自由思考和行动的空间较小，实施惩戒，在孩子心中注入恐惧的阴影。据我的观察，不少年青一代的父母，在事关孩子学业方面往往是“专制”甚至严苛的，而对于孩子的品行、生活能力、人际关系、公共精神，则是“放任”甚至“放纵”的。“权威型”风格是“专制”和“放任／放纵”风格的最佳结合，把孩子视为理性和有发展需要的个体，提出要求，制定并执行规则，同时，对孩子满怀温情，给孩子耐心讲解要求和规则背后的理由，培养孩子有目标性、系统性，讲究方法与目标的关联。

该书共有四个部分。第一、二部分描述了美国当代养育中存在的问题与现象，这些问题与现象，与中国当代养育惊人地相似；第三、四部分则给出了具体可行的解决办法，这些方法并不具有文化特异性，对于中国家长同样适用。

朱莉对于培养孩子参与精神、协作精神的观点值得专门说说。中国独生子女、千禧一代年轻人有著名的自我中心论，有学者称他们是“精致的利己主义者”。有多少父母会教孩子关心他人、社会，为家庭、为公共利益做出贡献？除了学习和个人成功以外，有多少家长培养孩子关心公平、正义，长大后要积极参与公共事务，成为负责任的公民？有多少家长同孩子谈论国际国内大事，关心这个世界的不平等、贫穷、人权灾难、气候、环境问题？有些家长的教育甚至恰好相反。他们事实上只教孩子关心自己。看起来这似乎对孩子最有利，结果却局限了孩子的格局、胸襟、视野，也局限了孩子的内心动力。我接触到的一些青少年表示不知道人生意义何在，有报道称北大有四成新生觉得活着没有意思。在我看来，一个重要的原因就是当代养育方式下的孩子太过自我中心，目光狭隘、短浅，低层次的物质需求多多有余，迟迟不能进入对更高层次需求的追求，因此，缺少超越的关怀与追求，人生目标不清楚或者过低，价值、意义感匮乏，从而限于迷茫与委顿。

朱莉提醒我们，要做好父母，不是盯着孩子、陪着孩子就够了，而是先要给自己“把氧气面罩戴好”，这包括自己要热爱生活，自己想要孩子做到的，自己先模范地做到——对于为数不少的父母，这是有意义的提醒。她专门用了第四部分教父母如何关爱自己，做好自己，过好自己的生活——这么做除了自己好，也是对子女好，因为“对子女心理健康影响最大的，莫过于父母死气沉沉的人生”。

朱莉高度评价失败之于学习的价值，认为失败是成长的唯一途径。想想这是多么符合逻辑。我翻译的另一本养育著作《直觉养育的力量》的作者、世界知名语迟儿童研究专家、童年认知与社会失调专家斯蒂芬·卡马拉塔也一再强调试错之于儿童成长的根本价值。因为失败来自尝试，通过尝试、失败、再尝试，我们因此学习，因此培养抗挫力。可惜，很多家长（包括我自己）都竭力避免孩子失败，有的家长在孩子失败时比孩子更崩溃，情绪失控之下惩罚孩子。有的家长则粉饰失败，或者把原因归咎于外界因素。我相信，乐见失败、正常化看待失败，是很多家长需要学习的新课题。

朱莉提倡以正常心态看待艰苦奋斗。对于爱子心切的当代家长，这也是值得学习采行的观念。正如我们恶见孩子失败，我们也不喜欢看到孩子挣扎。孩子遇到困难，我们的痛苦不亚于他们，于是赤膊上阵，在孩子有机会学习和成长的时候，横插一杠子，“挡在孩子和世界之间”，殊不知这传递了朱莉所说对孩子具有灵魂毁灭性的态度：你不行，还得我来，我们也因此无意中培养了孩子的“弱者”“受害者”心态。

朱莉鼓励父母把自己人生遭遇的挫折和失败告诉孩子——这么做的父母不在多数吧。它既有利于让孩子对我们的认识祛魅，让他们知道我们不是（也不必是）英雄，不是（也不可能）永远正确；另一方面，也是用自己的人生经历现身说法，向孩子传递这样的意识：人生不会一帆风顺，困难是可以克服的，没什么大不了。而且，克服了困难，我们就成长了。

她对于父母、子女独立身份的强调，可能不少中国父母未必习惯。她认为父母是父母，孩子是孩子，有了孩子以后，父母仍然应该走自己的人生道路，实现自己，而不是把理想、梦想的实现寄托在孩子身上；另一方面，父母不能帮孩子制定人生道路，不能代替孩子生活，不能代替孩子思考，否则，就是取消了孩子的存在。

朱莉强调孩子的“主动权”。这个概念，国内很多家长可能还不太有意识，但它却是美国心理学界和家长非常强调的一个概念，它是指孩子在一件事上有主导的权利，与被动性相反。拥有主导权意味着自己可以对结果实施控制，有助于个人形成自信心。

大多数父母采取了狭窄的成功观，缓解父母的焦虑和压力，拓宽对于成功的理解非常重要。父母拥有了宽泛、多元的成功观，能够尊重孩子的个性与特点，才能允许孩子愉快地做自己，按照自己的方式和节奏去成功。

朱莉既是批评者，也是行动者。她对美国的教育和大学招生制度有严厉的批评，视之为“千疮百孔”。她一边通过写作、演讲推动系统改变与社会意识改变，一边在自己的家里、社区、朋友圈中采取行动，“让自己家的饭菜好吃点儿”。我欣赏这种积极昂扬的态度。

该书大量采用一手访谈材料，采访对象包括同行、学子、家长与企业领导人、人力资源负责人，为读者提供了很多真实的故事。同时，也引用了大量美国相关心理学和养育研究，有理有据，论说充分，表达生动。读了这本书，就对美国的前沿养育理念有了大体的了解，也就站在了养育思想的新高度。

向大师父母学习，养育高成就子女

——《高成就孩子的教养法则：哈佛大学成就差距研究专家揭示杰出父母必做的 8 个角色》译后记

一

当今父母非常重视养育，把帮助孩子成功作为重要使命。越来越多的父母意识到，养育是一门技术、艺术，需要专门学习。作为对这个需求的回应，市场上出现了大量的养育书籍，有优秀之作，更多的是平庸之作，真正能够给人启迪和明确指导的并不多。

《高成就孩子的教养法则》与众不同，它基于对高成就子女及其父母的访谈，揭示子女成功背后父母的养育之功，概括出了一套养育成功子女的法则，归纳出了大师父母子女扮演的8个角色。

这套法则简明易懂，扮演这8个角色对父母并没有特别的教育背景、社会和经济背景要求，人人可学，家家可为。

模仿是最便捷的学习方式，书中的父母都养育了高成就的子女，他们就是最好的榜样。

二

本书是美国著名记者、《本质》杂志副主编塔莎·罗伯逊和哈佛大学教授、成就差距研究者罗纳德·F.弗格森的合作成果。他们致力于了解高成就者是否接受了类似的养育，他们的父母是否采取了相同的养育方法。为此，他们历时10余年，分别访谈了60位各界成功人士及120位哈佛本科生和研究生及其中一些人的父母，发现了高成就子女养育法则及大师式父母扮演的8个角色，他们把这8个角色形象地称为早期学习伙伴、飞行工程师、机修师、揭示者、哲人、榜样、谈判者及GPS。

1. 早期学习伙伴

在人生的头5年，“早期学习伙伴”至关重要。作为早期学习伙伴，父母花很多时间与孩子一起，进行大脑构建的游戏和识字活动，激发想象力，同时，培养求知欲旺盛的学习心态。

2. 飞行工程师

一旦孩子进入学校，“飞行工程师”角色就变得突出起来。承担飞行工程师角色的父母确保所有为儿童工作的人员和系统处于正常工作状态，并且符合儿童利益的最大化。如果发生偏离航向的情况，比方说，出现纪律问题啦，孩子的家庭作业得到令人困惑的反馈啦，自信的孩子和固执的老师之间关系变得紧张啦，飞行工程师进行干预，同其他人一起寻找解决办法。

3. 机修师

机修师就好比是紧急情况响应者，经常亲自出马解决问题，有时候，机修师需要找到盟友，这些人拥有更多的资金和社会关系，或者更懂得如何应付家长不熟悉的复杂机构。

4. 揭示者

作为“揭示者”，父母让孩子接触新思想，诸如他们可以学习的东西，可以前往的地方，可以成为的人，帮助孩子了解自身未来的可能性。

5. 哲人

孩子很小的时候，父母就开始扮演“哲人”，并且一直积极保持这个角色，帮助孩子找到人生意义和目的。

6. 榜样

“榜样”通过示范和行动教导孩子，而不是靠喋喋不休的说教。他们的行为方式，正是他们希望孩子未来会采取的行为方式。

7. 谈判者

“谈判者”培养孩子成为熟练的决策者、独立的行动者，有能力进行有效的自我推销，做好照顾自己的准备。同时，必要时他们也会出手干预，限制或者惩处某些行为，否决不明智的决定，或者施加有益的要求。

8. GPS

最后一个角色，即“GPS”，是父母留在孩子记忆中的忠告和智慧，引导他们走向自己选择的人生目标。就像手机或汽车的导航系统一样，即使父母不在身边，哪怕孩子离家很久之后，作为GPS的大师父母也能指导孩子通往与他们的哲学相吻合的方向。

这8个角色共同构成一套基本的成功教养法则，即大师式养育法则，培养充分实现潜力，聪明、有目标、自信的成年人——也就是该书所说的高成就者、成功者。

三

塔莎·罗伯逊和弗格森教授的研究颠覆了一些流行观念。

首先，不同于一般的想象，这些高成就者当中没有什么超级人类，并非天才或者神童，大多属于智力正常的孩子。超常智力并非这些人成功的基础和前提。

换言之，普通、正常的孩子，也就是我们大多数人家的孩子，只要教养得当，都可以成为高成就者。

其次，该研究颠覆了一般认为高成就者必定有优越家庭教育、社会或经济背景的假设。这些高成就者的背景差异很大，有黑人、白人，有亚裔、拉美裔；有些学生的家庭非常富有，但很多学生的家境并不宽裕，甚至非常贫穷；他们的父母中，收银员、公共汽车司机、厨师与医生、律师、工程师、教授各占50%；父母们受教育水平悬殊，有硕士、博士，也有的连高中都没有毕业。

正如《直觉养育的力量》的作者、著名发展心理学家斯蒂芬·卡马拉塔所说，养育子女并不需要父母拥有博士学位，然而，“开个车还需要考个驾照”呢，养育一个人长大、成功这么伟大的事业，仍然需要学习。

最后，过往的研究认为，不同社会经济背景的人会采取不同的养育风格，养育风格有文化特异性，因家庭背景的差异，各种育儿理论、价值观和策略会呈现出系统性差异。

然而，他们的研究发现，情况并非如此。并不存在明显优越的“亚洲”或“美国”养育方式。相反，在不同种族、社会经济地位、教育水平及不同宗教和国籍的人群中，导致子女未来成功的养育方式高度相似。

四

养育书籍五花八门，养育方法众说纷纭，实际上，成功的养育并非无章可循。

国际发展心理学界对于养育风格早就有了界定性结论，这就是美国发展心理学家戴安娜·鲍姆林德提出的养育模型，包括忽视型、放任—放纵型、专制—粗暴型和权威—民主型。人类的任何一种养育模式都不会超出这四种模式之外。

其中，最有利于子女成长和发展的养育方式是民主—权威型，该研究中的大师父母属于这种类型，是这种模式的形象化体现和具体化描述，其他三种养育模式各有各的缺陷，导致不同程度的养育失败。

两位作者还特地检讨了既广受推崇，也备受争议的“虎妈（爸）”，也就是专制—粗暴型养育的得失。这种养育方式被称为“亚洲”或者“中国”式养育方式，至今仍属中国社会主流的养育方式，并不利于培养本书所界定的成功者。

两位作者扩展和丰富了成功的定义。仅仅学业成功、事业成功是不够的，他们界定的成功是子女的充分实现，是目标+自主权+聪明的结果，大师式养育指的是帮助孩子实现最大潜能和幸福的战略选择。

他们对成功子女的定义和对大师式养育的界定值得中国家长参考和借鉴。

五

我在书中的大师父母身上看到自己母亲的身影。她自身没有受过很好的教育，在非常恶劣的条件下养育子女，却为我扮演了除早期学习伙伴之外的所有大师妈妈角色。

犹记得她的读书明理的谆谆教诲，坚强不屈的示范，在我被老师污蔑的情况下捍卫我，教我不要惧怕权威，勇敢地讲出自己的观点。如果不是她坚持要父亲带我和他的学生一起春游，让我通过他的学生认识了一位出版社的编辑，并在这位编辑老师的带领下参与了《007》及其他几本书的翻译，也许我今天不会成为一名译者。

我自己养育了一个高成就的女儿，我也在书中一些父母的身上看到了自己的作为，对他们的做法非常会心。比方说，那位不轻易告诉孩子答案、以“欺骗”的方式让孩子独自思考的心理学家妈妈丽莎，那位要求孩子一旦开始弹钢琴就不能随意放弃的爸爸鲍勃。我的女儿从小就是一个有恒心、韧性和责任感的孩子。

养育是我多年研究的一个领域，撰写了数十篇文章，翻译出版了《直觉养育的力量》《如何让孩子成年又成人》等两部优秀的养育著作，过去15年间，我接访了数百名遭受养育困扰的父母及他们的子女。根据自身经验、研究和相关阅读，我认为《高成就孩子的教养法则》一书有扎实的事实依据，作者的研究思路具有独特性，通过对不同背景的高成就者及其父母的访谈归纳出的这套养育法则及父母可以扮演的8个角色，明确、易懂、可操作性强，对父母本身的教育、社会、经济背景没有限定，不仅可以帮助教育层次高、条件优越的父母，更难得的是，可以鼓励和惠及很多各方面背景、条件差强人意的父母及他们的孩子。

有机会翻译本书，我感到荣幸，并热烈地希望把该书推荐给亟须得到正确、有效的养育指导法则的父母。

祝愿更多的父母成为大师父母，养育出更多的高成就者！

附录

附录

网络：孩子因何沉迷、如何“解救”？

本文源于2019年6月28日，一次基于学术研究的访谈，采访者是西南民族大学教师剑侠，课题是“关于网络在当代城乡家庭教育中的影响”。话题集中在网络给大众带来的影响，这种影响事实上改变了我们的生活，引发无数争议。其中，最大莫过于网络是否会诱使青少年沉迷并影响学业和亲子关系。

我们经常听到这样一种声音，“娃娃自从沉迷网络游戏之后，简直变了一个人”。此种言论拥趸者众，不少父母基于担心和恐惧视网络如洪水猛兽，家庭也因此频发“战争”。那么，网络果真这么可怕吗？孩子为什么会沉迷于网络？孩子沉迷于网络之后，父母应该和可以做些什么？

以下，“侠”指剑侠；“华”指彭小华；“青”指青苔。

一、网络之于自己

侠：小华姐你有多重身份，我们就根据身份一层一层地演进。首先是作为一个交流研究者、一个咨询师，我想知道的是，你怎样看待网络对家庭的影响，你自己平时的网络使用习惯是怎样的？

华：我简直是网络的热情拥抱者、支持者。网络带来了通信上的便利，给人们的生活带来了太多的好处。可以说，对我个人而言，如果没有网络，我甚至都没有办法很好地处理我的家庭关系。

侠：不能想象没有网络的世界。

华：是的。我女儿在伦敦，先生在美国，父母（我母亲最近去世了）在成都，继女在纽约，我的核心家庭成员分布在三大洲，我们之间的联系完全靠网络。我和他们联系主要用微信，不仅能听到声音，还能看到人，有事留言也是及时的，几乎没有时间差，只是not physically在一起。比如，我现在在成都，我先生在美国，我们早、晚都会视频，就能知道所有的情况，会看到对方的样子。如果不是网络，这样一种联系简直是难以想象的。

侠：以前的话，这种异地婚姻和异地恋爱是很难维系的。

华：对，很难想象。再比如，2008—2009年我女儿在美国读书，那时我们用MSN，她有任何问题，马上就可以联系我。比如她跟寄宿家庭发生了冲突，互相都觉得对方完全不可理喻，我就利用网络跟孩子进行沟通。再说一点，微信、邮件一类常用联系工具也是太好了。它们让人互相知道、增强了解。比如，我通过朋友圈认识和结交了好多朋友，通过朋友圈，可以了解每个人在传递什么，表达什么。

简单来说，我是一个拥抱网络的人，它太好了，真正让这个世界变小了。当然，我的学习和研究工作也极大地得便于网络，效率得到极大提高。

侠：所以你的工作也基本上是通过网络进行？

华：对，我的工作很大程度上是依赖网络进行的。我和不在同一个地方的朋友，无论是在美国、英国、加拿大还是国内，约一个时间，视频就能解决问题。青苔有跟我一起在微信上交谈及工作的丰富经验。

侠：青苔一直在成都吗？

青：我去年才回成都，之前二十多年一直在广州。我和女儿同小华最早的联系就是通过网络，我和女儿能够保持今天这种积极向上的精神面貌，很大原因就是小华通过网络帮我们做工作，不管她在成都还是在美国，我们都可以通过网络保持联系。

侠：小华姐的公众号文章谈到双方的一些交流。你们都是通过网络来进行交流的？

华：我特地分享过几篇文章都是网络上的交流，一个字、一个标点符号都没有改变，完全是如实呈现。

侠：我看文章的时候，以为她就在你面前。

华：不是。开始的时候交谈对象很情绪化、状态很差，一两个小时后，就这样通过文字上的交流，问题就解决了。

侠：所以，网络是一个很有效的沟通和交流工具。

华：非常有效。现在，我到世界上任何一个地方，只要带一台电脑、一部手机就可以了，所有的工作都不会耽误。

二、引导女儿使用网络

侠：在你女儿使用网络的过程中，你有没有过一些担心，或者说有没有感受到网络带来的负面作用？

华：对我们来说，网络基本上有利无害。

侠：包括网络刚刚进入家庭的时候吗？你大概能够回忆最开始出现网络是在什么时候？

华：从电子邮件算起，应该是1996年、1997年，那时我在国内。我家里没有网络，我有朋友是开电脑公司的，公司有网络，她帮我收发电子邮件。

侠：那个时候你女儿多大？

华：三四岁吧。

侠：你大概是从什么时候开始让她也接触网络的？

华：她应该是初一就接触网络了，2008年去美国后，完全依赖网络和我联系。

侠：那个时候她已经十五六岁了吧？

华：她去美国的时候不到十五岁。

侠：你是主动给她用吗？

华：我从来没有想过制止、限制她使用网络，应该算比较主动。

侠：时间有点儿久远了，能不能回顾一下当时网络的用途，比如，娃娃上网主要是做什么？你有没有过引导，或者相应的担忧。

华：有引导，但不是完全针对网络这件事情，而是在更早的时候就已经在培养她的自觉性、主体性及思考：你的主要任务是什么？你主要的任务是学习，对不对？无论接触什么东西，你都要作为主动选择的主体，不要在过程中丧失自我、被控制；自觉地把自己的事情做好，可以赢得信任、获得最大的自由和对自己的良好感觉。

早在去美国之前，刚上初中，她就有手机，也开始上网了，她使用网络技术方便自己的学习，也上去听歌，跟朋友聊天。她最早上的人人乐，QQ比我先用。

侠：我问过很多小孩，他们第一个开始用的网络工具都是QQ，包括现在的00后、05后，很多人的第一个网络工具都还是QQ。

华：她一直用，但是她从来没有形成过对网络的依赖，没有因为上网玩就耽误了学习，或者影响基于现实的面对面的人际交往。她也从来不迷恋或者沉迷于任何事情，包括小说、明星等。

侠：所以你引导她使用网络的方式，实际上是你系统的家庭教育当中的一部分。

华：我想是的。

侠：你作为一个家庭教育的研究者，也接待那么多的咨询，像你这样的家庭模式，或者说这种沟通方式，包括对网络的引导方式，在其他家庭当中常不常见?

华：我周围的亲戚朋友，大多数家庭都处理得很好，娃娃可以上网，也没见哪个孩子沉迷，没有影响正常的工作和学习；咨询对象中，有严重依赖网络的青少年，造成了对学习和生活的困扰，但我认为这主要不是网络的问题。

三、三好学生怎么了?

华：我讲一个初三娃娃的案例吧。2016年10月初，他妈妈通过班主任老师第一次联系我，那时我在美国。十一长假，儿子和她为网络吵了一架。为了不让儿子接触网络，以免打游戏，她在家断网，甚至索性在儿子学校附近租了一套没有网络的房子。吵架以后，儿子拒绝和她外出度假，她一气之下留下儿子，和朋友出门玩了几天。回来后，儿子把她关在门外，反锁房门。她叫不开门，亲戚、朋友都来劝说，最后，她叫来了警察。

侠：关在家门外面还是他自己房间外面？

华：家门外面。不开门，还骂她很脏的话……在妈妈口中，这个娃娃自从“沉迷网络游戏”之后，简直变了一个人，一点儿人性都没有，是个“人渣”。

这里说一段和孩子的沟通过程。最初，通过母亲的转变，亲子关系得到大幅缓和，没再打架，但孩子仍然继续打网络游戏。我和妈妈说，你如果想要我帮到你儿子，让他愿意来找我寻求帮助，前提是你需要改变、改善，你可以把找我做咨询这件事告诉他。最后还是通过班主任老师的劝说，孩子来了。他要求单独跟我聊。在他口中，母亲虚伪、愚蠢、不可理喻，对他的控制简直让他烦透了。我请他和我讲几件事，他讲了与妈妈所说相同的三件事，下锁、断网和没收iPad。我也很直率地把我和妈妈交谈的情况对他讲了。

在母亲和儿子的关系中，母亲是粗暴的进攻者，儿子是有力的防守者，但他防守的同时也在反攻，而且很过当，有失控的危险。母亲一旦撤退，不再干预和控制，他们的关系就能和平。但孩子并非全然被动的受害者，言行并非无可挑剔，“在我看来，你们两个之间的关系，你妈是矛盾的主要方。但在你跟妈妈的关系中，你是更powerful的一方”。

“为什么？”

“妈妈年龄不小了，有些观念方法可能跟不上你的需要，其实她心里是很抓狂的。她很爱你，很想把你培养出来，但她可能方法不够，情绪管理能力也不是很强。你想，你是市级三好学生、优秀学生干部，你读的书比你妈多，体力又比她好，学习能力也比她强，是不是可以对妈妈有一些同情的理解？你是否同意她的心是好的、出发点是好的，但她不晓得如何有效帮到你？她正在跟我一起工作，正在调整思路，学习新的沟通方法，你是不是可以对她多一点儿耐心？”我的话显然引发了他的思考。

对于辱骂、动手打妈妈，我跟他有严肃讨论：“骂脏话不文明，不论是妈妈还是任何人都不可以。打人更是原则问题，必须停止。”他羞赧地低头笑笑，摩挲着脑袋说：“你不晓得，我妈看不来脸色，我又控制不住情绪。”于是我们讨论了控制情绪的方法，他愿意实施。

对许多父母来说，看到娃娃玩游戏就紧张、焦虑，会去责备、制止，实施这样那样的控制。结果，“沉迷”网络的问题没解决，反成亲子关系恶化的催化剂。亲子关系恶化、家里狼烟四起，娃娃心烦意乱，作为反抗、报复、逃避，不沉迷也沉迷了，浅沉迷也变成深沉迷了。

这位妈妈做得很失策的另一点，就是把孩子“沉迷”网络及母子冲突四处张扬，在亲戚朋友和孩子老师同学及同学家长中传得满城风雨，让娃娃一点儿面子都没有，丧失了尊严。一个人没有尊严是很可怕的一件事，可能“知耻后勇”，未成年人更大的可能却是破罐子破摔：反正你们都把我的面子撕下来用脚踩了，我都没得面子可以维护了，那我就这个样子了。

这次交谈后，母子冲突的频率和烈度大大降低，母亲对自己的焦虑有了觉察能力，情绪控制能力提高，建立了更好的边界感，减少了对孩子的进攻、控制。

之后，我和孩子又做了两次专题交谈，涉及人生规划、规划实施、摆脱游戏依赖的步骤和方法以及学习方法。3月，春季开学不到半个月，我先收到妈妈的喜报：“孩子恢复了学习状态。”再过了大约10天，班主任老师也留言：“过去那个阳光灿烂的男孩又回来了！”她无限感慨我们当初对孩子的信心、鼓励和不放弃。

结语

网络沉溺、成瘾，是父母非常担心孩子陷入的状态之一。其实，很多情况下，并非孩子真的沉溺、成瘾了，只是没有像父母希望的那样完全不玩网络游戏、不进行网络交谈、不看网络视频，或者使用的时间超过了父母可以接受的限度。这也许是父母对网络有偏见，过于焦虑了。

网络时代的孩子不可能不使用网络，如果真的这样，那才应该担心呢！今天的网络游戏，网络交谈，网络视频，扮演着和传统游戏、交谈、娱乐一样的作用，只是媒介形式发生了改变。如果孩子不用手机、不玩网络游戏、不看网络视频，那他／她就很难结交到朋友，和同龄人没有共同语言，成为人群中的另类。

适度使用网络利大于弊。如果父母觉得孩子使用网络过度了，担心成瘾，那就可以和孩子讨论一下自己的担忧，以及如何合理使用网络、合理安排时间，帮助孩子培养平衡和兼顾学习、游戏、玩耍的能力，做网络的主人，而不是网络的奴隶。

如果孩子真正沉溺网络，那不是网络的问题，可能是孩子遇到了学习、情绪、关系障碍，试图在网络中寻求安慰，是一种逃避，或者是在虚拟世界寻求成就感、掌控感。这时候，父母要做的一定不是吼叫、唠叨、强行断网，而是了解孩子到底遇到了什么困难，有什么想法，以及需要什么帮助。

有时候，孩子也把沉溺网络作为对父母的一种反抗方式——你不要我做，我偏要做；或者作为惩罚方式——目的就是要让你生气，看你难受。这种情况反映亲子关系中出现了围绕孩子自主权、管理权的争夺。

孩子到底是否沉溺网络、是否成瘾？如果是，是什么原因所致？具体问题具体分析，才能找到有效的解决办法，千万不要一概而论，冲动行事。如果父母实在不能解决自己的焦虑，改变孩子的行为，可以求助于有能力的咨询师。